IMPARTIÇÃO

Um ensino sobre
Transferência de
Dons e Autoridade

Selito Meira

Ficha catalográfica elaborada pela bibliotecária
Tatiana Santana Matias CRB 8/8303

M514i   Meira, Selito Carlos.
           Impartição: um ensino sobre transferência de
dons e autoridade / Selito Carlos Meira. – Cascavel:
[s.n.], 2020.
           120 p. ; 21 cm.

ISBN: 978-65-990300-1-7

      1. Impartição. 2. Dons espirituais. 3. Autoridade
espiritual. 4. Ministério cristão. 5. Unção do Espírito Santo.
I. Título.

                                    CDD – 210

Sumário

Apresentação

Esta obra tem o intuito de apresentar-lhes um ensino claro sobre transferência de dons e autoridade, bem como colocar sob uma ótica diferente a questão dos dons ministeriais, no que tange ao que se tem de conhecimento sobre o assunto. O saudoso Myles Munroe pregava: *"Deus sempre termina uma obra para depois começar"*.

Aqui a obra dos dons ministeriais começa depois da morte de Jesus com seu sacrifício e ressurreição. Assim como a criatura humana deve morrer para o mundo, para então seu aperfeiçoamento iniciar-se, logo, é depois de um primeiro sacrifício que tem início o segundo. O aperfeiçoamento dos santos (Efésios 4.12) tem como função reparar, corrigir e santificar este sacrifício para, daí então, ser apresentado ao Senhor.

Ainda, procurou-se abordar o tema de autoridades constituídas e transferidas, com a intenção de fazer suas convergências chegarem a Cristo: unção, contato e transferência de dons e autoridade por imposição de mãos.

Não é uma obra pretensiosa, mas sim elucidativa. Quanto aos títulos que estão sendo usados (sem que o testemunho de vida ratifique este mesmo título), aborda-se, por um pouco, o sentido dos ensinos atuais e os falsos mestres e as características deles, facilmente identificáveis.

Textos base:

"E ele mesmo concedeu uns para apóstolos, outros para profetas, outros para evangelistas e outros para pastores e mestres, com vistas ao aperfeiçoamento dos santos, para desempenho do seu serviço, para a edificação do corpo de Cristo" (Efésios 4.11,12). *"Não te faças negligente para com o dom que há em ti, o qual te foi concedido mediante profecia, com a imposição das mãos do presbitério"* (1 Timóteo 4.14).

Que o Senhor abençoe sua palavra e que a linguagem aqui utilizada seja de fácil compreensão ao caro leitor!

Os começos de titulo (estilo 1), devem sempre vir em folha inical)

Impartição

O Brasil sempre sofreu, *"com a riqueza de sua língua: a Portuguesa."* Língua que recebe uma série de inserções de novas palavras, fato que cria abreviações, definições e neologismos (por conta da globalização), gírias, ou pelo simples modismo! Dentre tantas palavras, vemos que muitos termos nascem hoje pelo processo da globalização. Portanto, é melhor buscar a definição na sua origem do que traduzir muitos destes termos. Nossa primeira palavra objeto desta narrativa será um termo inglês: *"IMPART"*. No Português, derivou-se *"IMPARTIÇÃO"* E impartição é a transliteração do inglês *"Impart"*. Para a Língua Portuguesa, é um neologismo que possui um significado amplo: conceder, dar, conferir, comunicar, participar, notificar, divulgar e revelar. No cristianismo atual, impartir significa: dar do que eu tenho recebido, para alguém em mesma quantidade ou intensidade, sem perder o todo que me pertence. Isto não pertence apor mérito próprio, mas por pura graça. Multiplica-se assim o item em si mesmo, em essência, tanto quantas vezes necessárias, para mim ou para a pessoa que recebe!

—IMPARTIR

<u>É DAR O QUE TEMOS,</u>

<u>SEM PERDER O QUE TEMOS!</u>

Impartição vai desde a transferência de conhecimento até a imposição de mãos, que confere dons espirituais a quem recebe. Na lei da impartição / contato e transmissão/, precisamos entender qual é o processo e de que forma ela chega até nós. Nos primórdios, na criação, tudo era organizado e hierarquizado, vindo a acontecer depois a criação do homem propriamente dita. Adão, conforme Gênesis, foi a obra-prima da criação e nele encontramos, portanto, o primeiro contato e a transmissão de uma tríplice ordem:

- DE DOMINAÇÃO;
- SUJEIÇÃO e
- MULTIPLICAÇÃO.

"E Deus os abençoou e lhes disse: Sede fecundos, multiplicai-vos, enchei a terra e sujeitai-a; dominai sobres os peixes do mar, sobre as aves dos céus, sobre todo animal que rasteja pela terra " (Gênesis 1.28). Nesta situação, Adão recebe a ordem do Próprio Senhor, que lhe confere a autoridade necessária para a tríplice tarefa. Contudo Adão falha e perde a comunhão com Deus (Gênesis 3). No erro de Adão e Eva, porém, é que surge o plano revelado de Deus, quanto à reconciliação dos homens com Ele. *"Porei inimizade entre ti e a mulher, entre a tua descendência e o seu descendente. Este te ferirá a cabeça, e tu lhe ferirás o calcanhar"* (Gênesis 3.15).

Entre os fatos citados, o que nos chama a atenção é a afirmação do Senhor quanto à descendência. Serão inimigos da serpente (Satanás), cuja intenção objetiva é a de ferir o calcanhar do descendente da mulher, o segundo Adão: Jesus. E o descendente da mulher, pelo derramamento de sangue, isto é, um sacrifício vicário, esmagará a cabeça da serpente. Na queda do homem, mesmo que de forma involuntária, este confere sua autoridade a Satanás, autoridade que mais tarde deveria retornar ao homem pelo próprio homem. A queda se deu pela desobediência, a restauração desta autoridade deveria ser conquistada pela obediência e esta, sem pecado. Ali, manifestou-se o plano de Deus que se completou, enviando ~~Ele~~ o segundo Adão (Jesus). Este plano envolve todos os aspectos da autoridade que Deus havia conferido ao homem. Aconteceu de forma paulatina, mas eficiente. O Criador Soberano se utilizou de várias personagens, como Noé, Abraão, José, Moisés, Josué, os Juízes, os Profetas e Jesus.~~assim:~~

A Noé, que era movido pela obediência e fé, coube a tarefa de p~~:~~

● ~~P~~reservação do gênero humano e animal.

Terminava aqui a aliança Adâmica, na qual tínhamos duas dispensações: DA INOCÊNCIA e da CONSCIÊNCIA (Gênesis 3.1). Começava outra: A Aliança NOÉTICA, ou a terceira Dispensação, chamada de Dispensação do Governo Humano (Gênesis 8.15; 11.19). *"Contigo, porém, estabelecerei a minha aliança; entrarás na arca, tu e teus filhos, e tua mulher, e as mulheres de teus filhos. De tudo o que vive, de toda carne, dois de cada espécie, macho e fêmea, farás entrar na arca, para os conservares vivos contigo"* (Gênesis 6.18).

Nesta fase, vemos a autoridade que foi dada a Noé sobre os animais, pois os homens destinados à destruição não obedeceriam a seu chamado. Portanto, em Noé, vemos a reconquista da autoridade e domínio sobre os animais! Passado o tempo, chegamos a Abrão. Neste, verificamos um chamado em obediência, quando começa a ser colocado em evidência o plano de Deus, quanto à promessa feita a Adão e Eva, do nascimento do unigênito de Deus e o processo de redenção para o ser humano. *"Ora, disse o SENHOR a Abrão: Sai da tua terra, da tua parentela e da casa de teu pai e vai para a terra que te mostrarei". De ti farei uma grande nação, e te abençoarei, e te engrandecerei o nome. Sê tu uma bênção"*! (Gênesis 12.1,2).

Nesse contexto tão notável, mais adiante, entra em cena uma personagem importante quanto à Impartição: Melquisedeque. Por quê? Interessante que a narrativa bíblica está preocupada em narrar a vida de Abrão, mas não se atém a detalhes na narrativa da vida de Melquisedeque. Contudo ela é enfática, quanto à autoridade e linhagem sacerdotal dele! Pois, (como fica claro):

<u>O Maior abençoa o Menor!</u>

"Evidentemente, é fora de qualquer dúvida que o inferior é abençoado pelo superior" (Hebreus 7.7). Aqui, falamos sobre o direito legal que viria sobre Abrão. Melquisedeque é contado como um rei sem genealogia. No entanto, depois da guerra relatada em Gênesis (14), Abrão entrega o Dízimo a Melquisedeque, que o abençoa. O texto diz: <u>Sacerdote do Deus Altíssimo.</u> A própria Bíblia confirma a autoridade outorgada a este rei. *"Melquisedeque, rei de Salém, trouxe pão e vinho; era sacerdote do Deus Altíssimo; Abençoou ele a Abrão e disse: Bendito seja o Deus Altíssimo que possui os céus e a terra; e bendito seja o Deus Altíssimo que entregou os teus adversários nas tuas mãos. E de tudo lhe deu Abrão o dízimo"* (Gênesis 14.18-20).

Na bênção proferida a Abrão, começa o desenrolar da história vitoriosa dos patriarcas: Abraão, Isaque, Jacó. O processo vai chegar a José, que tem seu capítulo à parte. José, o sonhador vendido ao Egito, chega à posição de segundo em poder, dignidade que recebeu em ato público, depois de ter interpretados os sonhos de Faraó. Portanto, qualquer descendente de José ou de sua família, teria autoridade legal no Egito, pois recebeu tal direito diretamente de Faraó!

Depois de José, outro personagem bíblico importante é Moisés. Ele tem um peso relevante quanto à transmissão de autoridade. Tal fato passa por milênios e chega aos dias atuais. Vejamos a genealogia de Moisés, descrita em Êxodo 6.14-27. Ela enumera Jacó, Levi, Coate e Anrão, seu pai, que foi casado com sua tia por parte de pai. À parte, existe Levi, seu bisavô. Levi, em hebraico tiberiano, que designa a pronúncia canônica, significa "União". Em outras traduções, como por exemplo, para os Jahvistas e Eloístas, Levy significa: "Sacerdote". Portanto, Moisés e Arão vinham por direito de herança de uma linhagem sacerdotal! Acrescente-se o fato de que Moisés, nascido e colocado no cesto de vime, é resgatado e adotado pela princesa e, por direito de adoção, poderia herdar o trono de faraó. Moisés tem um encontro com Deus: "*Apascentava Moisés o rebanho de Jetro, seu sogro, sacerdote de Midiã; e levando o rebanho para o lado ocidental do deserto, chegou ao monte de Deus, a Horebe*". "*Apareceu-lhe o Anjo do SENHOR numa chama de fogo e a sarça não consumia. Vendo o SENHOR que ele se voltava para ver, Deus, do meio da sarça, o chamou e disse; Moisés! Moisés! Ele respondeu: Eis-me aqui*"! (Êxodo 3.1,2 e 4). Da mesma forma que Abrão obteve o direito pela bênção de Melquisedeque, Moisés sendo chamado pelo Senhor também deveria receber de alguém a legalidade para que se cumprisse em sua vida o chamado do Senhor. É claro que, por dedução óbvia, o texto anteriormente citado responde a esta indagação: ... ***Jetro, seu sogro, sacerdote de Midiã***.

Como podemos afirmar isto?

Se o menor é abençoado pelo maior, o reconhecimento de autoridade se dará pela obediência e Moisés obedece à sugestão dada por Jetro. "*Então saiu Moisés ao encontro do seu sogro, inclinou-se e o beijou; e, indagando pelo bem-estar um do outro, entraram na tenda. "Ouve, pois as minhas palavras; eu te aconselharei, e Deus seja contigo; representa o povo perante Deus, leva as suas causas a Deus, ensina-lhes os estatutos e as leis e faze-lhes saber o caminho em que devem andar e a obra que devem fazer.*

Moisés atendeu às palavras de seu sogro e fez tudo quanto este lhe dissera" (Êxodo 18.7,19 e 24).

Paralelamente, não encontramos na Bíblia as ordenações de Melquisedeque e Jetro. Somente o respaldo que se dá aos dois, quando ela (a Bíblia) menciona o sacerdócio de ambos, aliás, bem cientes da chamada de Moisés que com esmero e vitoriosa carreira, deveria passar o legado a alguém. Moisés por dedução lógica, quanto à impartição e transferência, recebe o sacerdócio de Jetro e de seu bisavô Levi, mas lembre-se de que estamos falando de conquista de autoridade!

Assim, além do sacerdócio, agora é desenvolvido nele outro ofício: <u>Líder de Israel!</u> E o direito de líder vem da transferência recebida de José, como foi anteriormente comentado. No sacerdócio, Moisés cumprindo uma ordem celestial, realiza a transferência da autoridade no sacerdócio atribuído a seu irmão. Observa-se aqui uma lei, a da primogenitura, que leva à consagração de Arão. *"Vestirás Arão das vestes sagradas, e o ungirás, e o consagrarás para que me oficie como sacerdote. Também farás chegar seus filhos, e lhes vestirás as túnicas. E os ungirás como ungiste seu pai, para que me oficiem como sacerdotes; sua unção lhes será por sacerdócio perpétuo durante as suas gerações"* (Êxodo 40.13,14 e 15).

Quanto à liderança do povo, Moisés, pela imposição das mãos, confere-a ou transmite-a a Josué: *"Josué, filho de Num, estava cheio do espírito de sabedoria, porquanto Moisés **impôs sobre ele as mãos**; assim, os filhos de Israel lhe deram ouvidos e fizeram como o SENHOR ordenara a Moisés"* (Deuteronômio 34.9 (Grifo do autor). Neste texto, a impartição fica evidente, porque, além da autoridade, agora se acrescenta a sabedoria! Isto nos dá uma amostra que esta transferência também é cumulativa: o que era de Moisés agora é de Josué. A História segue. Conquistada a terra prometida, morre Josué. Surge

Os Juízes

"*uscitou o SENHOR juízes, que os livraram da mão dos que os pilharam*" (Juízes 2.16). Eles foram colocados na liderança do povo nas seguintes formas:

- Como governadores:
- Função de representar a nação;
- Como militares:
- Na defesa das fronteiras e cuidado com a segurança do povo, e...
- Juízes propriamente ditos:
- Assegurar a observação das leis e mandamentos.

Dotados de poder vindo dos céus, a nação os reconhecia como enviados do Senhor e, por sua vez, confiava a estes a posse vitalícia do governo. Com coração tendencioso e oscilante, tanto juízes como sacerdotes passaram a portar-se como meros cumpridores dos ritos e cerimônias. Neste contexto, a mão intercessora de Deus se manifesta. Surge agora o chamado governo teocrático. Nele, o SENHOR elege seu representante na terra, como seu oráculo. Este é denominado de:

- **Profeta** ou **Vidente**: Seu primeiro eleito foi SAMUEL (seu nome significa ceonseguido de Deus), nascido de uma promessa feita à Ana, sua mãe. É sabido que ela o fez nazireu. Com alegria, esta mãe, em tom melodioso, orou agradecida:

... Então orou Ana e disse: *"O meu coração se regozija no SENHOR, a minha força está exaltada no SENHOR, a minha boca se ri dos meus inimigos, porquanto me alegro na tua salvação. Não há santo como o SENHOR; porque não há outro além de ti e Rocha não há, nenhuma como o nosso Deus"* (1 Samuel 2.1,2). Samuel, que, em tenra idade, já era reconhecido como sacerdote, servia ao Sacerdote ELI. *"Samuel ministrava perante o SENHOR, sendo ainda menino, vestido de uma estola sacerdotal de linho"* (1 Samuel 2.18).

~~Este profeta~~Samuel andou retamente diante de seu Deus. Envelhecendo, constituiu seus filhos como juízes sobre o povo, mas o coração deles não era reto diante do Senhor. Com isto, os anciãos israelitas pediram a eleição de um rei como as nações vizinhas. Rejeitaram, portanto, o governo teocrático e reconduziram a liderança para a mão de um homem.

Os Reis

"Elhe disseram: Vê, já estás velho, e teus filhos não andam pelos teus caminhos; constitui-nos, pois, agora, um rei sobre nós, para que nos governe, como o têm todas as nações. Porém, esta palavra não agradou a Samuel, quando disseram: Dá-nos um rei, para que governe. Então, Samuel orou ao SENHOR. Disse o SENHOR a Samuel: Atende à voz do povo em tudo quanto te diz, pois não te rejeitou a ti, mas a mim, para eu não reinar sobre ele" (1 Samuel 8.5-7).

O primeiro rei ungido foi Saul, vindo a ser um monarca desastroso, sem pulso firme, algo que não se espera de um rei. Ele não obedecia a Deus e era temeroso com o povo. A marca de sua reprovação está no livro do profeta: *"Porém Samuel disse: Tem, porventura o SENHOR tanto prazer em holocausto e sacrifício quanto em que se obedeça à sua palavra? Eis que o obedecer é melhor do que sacrificar, e o atender melhor do que a gordura de carneiros. Porque a rebelião é como o pecado de feitiçaria, e a obstinação é como a idolatria e culto a ídolos do lar. Visto que rejeitaste a palavra do SENHOR, ele também te rejeitou a ti, para que não sejas rei"* (1 Samuel 15.22,23).

~~Claro que~~ Deus, na sua infinita sabedoria, sendo onipotente, ~~um de seus atributos,~~ não deixaria de intervir neste governo, pois o que estava em jogo não era somente um reino terreno, mas sim o celestial. Logo, pela unção de um novo rei, DEUS reposiciona a autoridade na figura humana, com total controle dos céus. Em Davi, vemos um reinado comprometido com as verdades do Senhor, que convergem para o reinado de Jesus Cristo.

Quanto à impartição, para o direito real e indivisível, para que alcance Jesus, Davi exerce um papel de extrema relevância. Como segue: Jesus, sendo o Unigênito Deus, não poderia habitar a terra e simplesmente pegar o reinado que transcende, porém, este reino teria que lhe ser transferido.

Em Davi, Samuel, ungindo-o, lhe transfere a <u>autoridade de rei</u>. Aquela que o Senhor reprovara em Saul e passa a <u>autoridade de juiz</u>, perdida pelos filhos de Samuel. Acresce a <u>autoridade sacerdotal</u> de Samuel, mesmo existindo, em seus dias, o neto de Eli: AÍAS. Como sumo sacerdote, este indivíduo, mesmo sendo sacerdote de direito, não o era de fato, pois o sacrifício que ele oferece a Deus junto com Saul é reprovado (1 Samuel 13.8-23). Como estatuto perpétuo, o sacerdócio estava na linhagem da tribo de Levi, isto é inegável, porém Davi teria que ir mais além e ter em suas mãos o sacerdócio de Melquisedeque, contado como uma ordem superior de sacerdócio.

Logo Davi, que já era sacerdote, por transferência, deveria ir em busca deste outro sacerdócio que lhe chegou às mãos pela conquista de Jerusalém, conhecida agora como a cidade de Davi. Jerusalém era conhecida como Urusalim, cidade de Melquisedeque (Gênesis 14.18). A cidade foi conquistada das mãos dos jebuseus, conforme descrito em Josué 10.3. É certo que nos despojos de guerra, o conquistador ficava com o direito de posse. Este fato dimensiona o reinado de Davi para um reinado eterno. Temos, portanto, a conquista do sacerdócio segundo a ordem de Melquisedeque.

Na continuidade da nação de Israel, seguem-se fatos descritos nas crônicas, que chegam até os dias que antecedem o nascimento do Messias. No Messaiah, o direito legal e a autoridade deveriam chegar por transferência e conquista. Assim como foi com Davi, não esquecendo que ELE era a promessa maior de Deus para o resgate de nossas vidas. O nascimento virginal de Jesus já lhe garante a vitória sobre o pecado, pois nasce fora do pecado. Mas como então ter nas mãos os direitos transferidos e outorgados dos antecessores? Quanto ao reino e sacerdócio, segundo a ordem de Melquisedeque, Jesus recebe-os por herança de Davi, pois no primeiro versículo do Novo Testamento, encontramos: *"Livro da genealogia de **Jesus Cristo, filho de Davi**, filho de Abraão"* (Mateus 1.1, grifo acrescentado).

No tempo de Jesus, como estava o sacerdócio? Isso para que Ele pudesse ter o direito de se oferecer como sacrifício aceitável e de cheiro suave diante de Deus!... Na unção de

Arão, até os dias de Jesus, segue-se por direito de descendência o sacerdócio, mas quanto ao profético? A Bíblia menciona que Deus ficou mais de quatrocentos anos sem se comunicar com os homens através dos profetas. Nos mistérios de Deus, Jesus recebe o sacerdócio segundo a ordem de Melquisedeque, por direito de descendência de Davi. *"E visto que não é sem prestar juramento (porque aqueles, sem juramento, são feitos sacerdotes, Mas este, com juramento, por aquele que lhe disse; O SENHOR jurou e não se arrependerá: Tu és sacerdote para sempre); Por isso mesmo, Jesus se tem tornado fiador de superior aliança. Ora aqueles são feitos sacerdotes em maior número, porque são impedidos pela morte de continuar; Este, no entanto, porque continua para sempre, tem o seu sacerdócio imutável"* (Hebreus 7.20-24).

Quanto à sua realeza, o reconhecimento se dá com a visita dos magos e a inscrição em cima de sua cabeça na cruz, portanto desde seu nascimento até sua morte o homem reconhece Jesus com rei: *"E perguntavam: Onde está o recém-nascido Rei dos Judeus? Porque vimos a sua estrela no Oriente e viemos para adorá-lo"* (Mateus 2.2), e *"Por cima de sua cabeça puseram escrita a sua acusação: ESTE É JESUS, O REI DOS JUDEUS"* (Mateus 27.37).

Mas quanto ao profético e o sacerdócio, segundo a descendência da tribo de Levi? Vemos que algumas das consagrações não aparecem na Bíblia, mas a unção deste ofício sim. Os evangelhos relatam que, nesta época, havia mais de um sumo sacerdote. Sumo significa superior. Logo, se há dois sumos sacerdotes, algo estaria errado. E estava mesmo! Chegou-se a esta condição pela divergência de posturas, espiritual e política, pois havia o reconhecimento de um pela posição espiritual e outro pela posição política.

Anás e Caifás ostentavam o título em questão. Contudo, observamos que, naqueles dias, o oráculo do Senhor era João Batista. Pela herança de nascimento, era o que tinha o direito ao sacerdócio. No Santo dos Santos, só podia entrar o sumo sacerdote (e não mais que um). Portanto, nestes dias, havia divergência quanto quem seria de fato e de direito o sumo sacerdote. Anás, sumo sacerdote, tinha o reconhecimento do povo Judeu. Era sogro de Caifás, ambos sumos sacerdotes eleitos pelas autoridades civis, portanto algo contrário aos mandamentos; *"E o conduziram primeiramente a Anás; pois era sogro de Caifás, sumo sacerdote naquele ano"* (João 18.13). Nisto, precisamos observar quanto ao sentido espiritual da autoridade naqueles dias. Encontraremos o seguinte: Zacarias era sacerdote e profeta que servia no templo. Ele recebe a promessa de que seu sucessor, um filho nascido de sua velhice, seria profeta. João Batista seria a voz do que clama no deserto. João era o canal, o meio pelo qual o Senhor comunicava sua indignação quanto ao pecado do povo, portanto este era o interlocutor ou o oráculo do Senhor. Logo, João sendo filho de Zacarias, por tradição, era sacerdote. Complementamos com a menção bíblica de que sua mãe Isabel era descendente direta de Arão. *"Nos dias de Herodes, rei da Judeia, houve um sacerdote chamado Zacarias, do turno de Abias. Sua mulher era das filhas de Arão e se chamava Isabel"* (Lucas 1.5). *"Zacarias, seu pai, cheio do Espírito Santo, profetizou..."* (Lucas 1.67). Já se perguntou por que João Batista vivia no deserto e vestia-se de peles de camelo e comia gafanhotos e mel? Lá vai uma conjectura, curiosa:

#Primeiro, o sacerdote deveria se vestir com as vestes sacerdotais, que neste tempo estavam com Anás e Caifás. Impedido de se vestir com tais vestes, também não poderia se vestir com roupas comuns, portanto a saída foi se vestir com peles de camelo!

Segundo, o sacerdote comia da porção dos víveres recebida para cada dia, ou seja, o que o povo oferecia para o sacrifício. Não podendo ele se alimentar do pão que se oferecia no templo, sendo ele nazireu de Deus, se alimentava de gafanhotos e mel silvestre, que não eram alimentos impuros ou comuns!

Curiosidade à parte, voltamos ao que interessa de fato: João tem em suas mãos a unção de profeta e de sacerdote, mesmo não podendo oferecer sacrifícios ao altar também sacrificava, pois quanto ao ato do batismo, não deixa de ser um sacrifício. Ou seja, no batismo, o sacrifício é a própria pessoa que morre para o mundo e ressurge para uma nova vida. A transferência de autoridade e unção para Jesus se dá pelo ato do batismo quando João o batiza. *"Por esse tempo, dirigiu-se Jesus da Galileia para o Jordão, a fim de que João o batizasse"* (Mateus 3.13). Nisto, temos a unção de Sumo Sacerdote na ordem de Melquisedeque e o direito monárquico, advindo de Davi; a unção profética passada de Zacarias para João, transferida para Jesus e mais a unção de sacerdote de João Batista.

No entanto, Ele ainda precisava do direito de sumo sacerdote. Bom! Com dois sumos sacerdotes neste tempo, Jesus precisava receber o direito espiritual de SUMO SACERDOTE e não o direito político. Então o direito espiritual estava com Anás. Ele deve transferir o seu direito para Jesus. E como aconteceu? Pelas vestes sacerdotais rasgadas. Vejam!

Rasgar as vestes tem vários sentidos na Bíblia:

Em Isaías 36.22, rasgar as vestes tem o sentido de tristeza e luto, mas no texto de Marcos 14.63, ~~No texto lo~~tem ~~go abaixo,~~ o sentido direto ~~é~~ de testemunho: *"Então, o sumo sacerdote rasgou as suas vestes e disse: Que mais necessidade temos de testemunhas?* É assim que ~~: Marcos14.63. (Em Isaías 36.22, rasgar as vestes tem o sentido de tristeza e luto). "Então, o sumo sacerdote rasgou as suas vestes e disse: Que mais necessidade temos de testemunhas? (Marcos 14.63). Analogicamente,~~ rasgar as vestes neste texto tem o sentido de abdicação dos direitos sacerdotais, espiritualmente falando, ~~p. P~~ois no livro de Samuel, rasgar as vestes foi sinônimo de transferência de poder ou reino. *"Virando-se Samuel para se ir, Saul o segurou pela orla do manto, e este se rasgou. Então, Samuel lhe disse: O SENHOR rasgou, hoje de ti o reino de Israel e o deu ao teu próximo, que é melhor do que tu"* (1 Samuel 15.27,28).

Em Jesus, a máxima é verdadeira! Pois Jesus, sem comparação, é melhor do que o sumo sacerdote Anás. O que colabora com a passagem é que, logo na sequência, os soldados pegam Jesus, despem-no de suas vestes, o cobrem com um manto escarlate. É claro que a intenção dos soldados era a zombaria, mas compreendemos o peso espiritual deste ato. *"Despojando-o das vestes, cobriram-no com um manto escarlate; Tecendo uma coroa de espinhos, puseram-lha na cabeça e, na mão direita, um caniço; e, ajoelhando-se diante dele, o escarneciam, dizendo: Salve, rei dos judeus"!* (Mateus 27.28).

Completando os elementos, temos a crucificação de Jesus. O que segue são fatos interessantes, pois nos é relatado que quando o Senhor entrega o seu espírito ao Pai, o véu do templo rasga-se de cima a baixo. E a permissão para transpor o véu do templo para o lugar Santos dos Santos era conferida somente ao sacerdote mor! O lugar santo era um local de purificação e sacrifícios, quando o sumo sacerdote adentrava ao lugar Santo dos Santos. Os sacrifícios oferecidos por ele, por sua casa e pelo pecado de ignorância do povo, deveriam ser de cheiro suave diante do Senhor, porque senão ele sairia deste lugar arrastado. Jesus, com os direitos adquiridos, morre como o cordeiro Pascoal, oferta de cheiro suave, mas já passa pelo véu do templo como santo em espírito, transacionando para a eterna redenção. Não mais se necessita de sangue de animais, pois este novo tabernáculo não é mais feito pelo homem, mas é feito pelo próprio Senhor, pois o novo tabernáculo somos todos nós os que vemos em Jesus o Senhor. Jesus rasga o véu, permitindo adentrar a presença de Deus todos os que agora se santificarem, encerrando os sacrifícios de animais e começando uma nova etapa quanto à remissão de pecados. Agora, basta reconhecer Jesus como o cordeiro de Deus e confessá-lo como Senhor e serão perdoados todos os pecados! *"No dia seguinte, viu João a Jesus, que vinha para ele, e disse: Eis o Cordeiro de Deus, que tira o pecado do mundo"!* (João 1.29).

O outro João, o apóstolo, quando escreve o livro de Apocalipse, já vê Jesus glorificado com autoridade sobre a morte e o inferno. *"E aquele que vive, estive morto, mas eis que estou vivo pelos séculos dos séculos e tenho as chaves da morte e do inferno"* (Apocalipse 1.18).

Desde a promessa feita a Eva, até a crucificação de Jesus, o propósito maior era reunir todas as formas de unção e autoridade que haviam sidos passadas aos homens por Deus. E, pela conquista do próprio homem, transferidas ao Senhor Jesus. Depois de crucificado, subindo Jesus aos céus, a unção retorna para o homem, agora não na forma de rudimentos e ordenanças, conforme a lei, pois Jesus cumpriu com todos estes rudimentos. Na verdade, transfere-a agora aos apóstolos, e a todos os que seguem depois destes, na forma de DONS.

Dons que caracterizam o ministério terreno de Jesus. Subindo, Ele concede aos homens estes dons que visam ao aperfeiçoamento e santificação, agora do que se chama o corpo de Cristo: "A IGREJA". *"E a graça foi concedida a cada um de nós, segundo a proporção do dom de Cristo. Por isso, diz: Quando ele subiu às alturas, levou cativo o cativeiro e concedeu dons aos homens. Ora, que quer dizer subiu, senão que também havia descido até às regiões inferiores da terra? Aquele que desceu é também o mesmo que subiu acima de todos os céus, para encher todas as coisas. E ele mesmo concedeu uns para apóstolos, outros para profetas, outros para evangelistas e outros para pastores e mestres. Com vistas ao aperfeiçoamento dos santos para o desempenho do seu serviço, para a edificação do corpo de Cristo. Até que todos cheguemos à unidade da fé e ao pleno conhecimento do Filho de Deus, à perfeita varonilidade, à medida da estatura da plenitude de Cristo. Para que não mais sejamos como meninos, agitados de um lado para outro e levados ao redor por todo vento de doutrina, pela artimanha dos homens, pela astúcia com que induzem ao erro. Mas, seguindo a verdade em amor, cresçamos em tudo naquele que é a*

Impartição No Velho Testamento

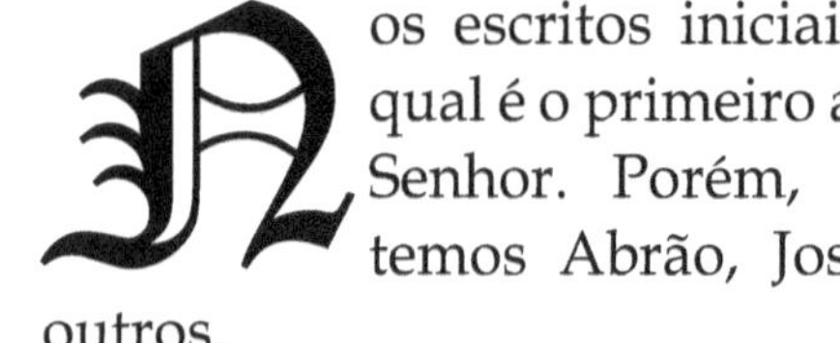

os escritos iniciais, discorremos sobre Adão, o qual é o primeiro a receber um legado do Próprio Senhor. Porém, de forma explícita, também temos Abrão, Josué, Gideão e Moisés, dentre outros.

A Impartição, neste tempo, foi por:

- COMISSÃO;
- UNÇÃO e
- TANSFERÊNCIA.

POR COMISSÃO – atribuição de uma função. No Velho Testamento, esta atribuição era singular. Mais tarde, no Novo Testamento fica mais claro quanto às comissões, pois temos a Comissão Menor, conhecida também por Discurso da Missão (Mateus 10) e Grande Comissão (Mateus 28). No Velho Testamento, na pessoa de Abrão, a tal atribuição consistia de uma bênção unilateral, pois o Senhor o abençoava. *"Ora, disse o SENHOR a Abrão: Sai da tua terra, da tua parentela e da casa de teu pai e vai para a terra que te mostrarei. De ti farei uma grande nação, e te abençoarei, e te engrandecerei o nome. Sê tu uma bênção"*! (Gênesis 12.1,2).

Em Moisés, a comissão foi: tirar o povo escolhido do regime de escravidão, para conduzi-lo à terra que manava leite e mel! (Êxodo 3.7-10). *"Vem, agora, e eu te enviarei a Faraó, para que tires o meu povo, os filhos de Israel, do Egito"* (Êxodo 3.10).

Josué. Sua comissão, foi a de fazer o povo herdar a terra prometida, tomando posse da promessa. *"Sê forte e corajoso, porque tu farás este povo herdar a terra que, sob juramento, prometi das a seus pais"* (Josué 1.6)

Gideão. Sua comissão foi a de livrar o povo aflito da perseguição sofrida pelos midianitas. *"Então se virou o Senhor para ele e disse: Vai nessa tua força e livra Israel da mão dos midianitas; porventura, não te enviei eu?* (Juízes 6.14).

A comissão, nestes casos, tinha propósitos definidos.

POR UNÇÃO -

Temos muitos textos que retratam a impartição, por unção, no Velho Testamento, contudo, descrevo três:

Arão, no sacerdócio/ Levítico 8. *"Depois, derramou do óleo da unção sobre a cabeça de Arão e ungiu-o, para consagrá-lo.* (Levítico 8.12).

Saul, como monarca e profeta (1 Samuel 10). *"Tomou Samuel um vaso de azeite, e lho derramou sobre a cabeça, e o beijou, e disse: Não te ungiu, porventura, o Senhor por príncipe sobre a sua herança, o povo de Israel?* (1 Samuel 10.1). E: *"Sucedeu, pois, que, virando-se ele para despedir-se de Samuel, Deus lhe mudou o coração; e todos esses sinais se deram naquele mesmo dia. 10 Chegando eles a Gibeá, eis que um grupo de profetas lhes saiu ao encontro; o Espírito de Deus se apossou de Saul, e ele profetizou no meio deles"* (1 Samuel 10.9,10).

Davi, se tornou o segundo rei de Israel: *"Então, mandou chamá-lo e fê-lo entrar. Era ele ruivo, de belos olhos e boa aparência. Disse o Senhor; Levanta-te e unge-o, pois este é ele. 13 Tomou Samuel o chifre do azeite e o ungiu no meio de seus irmãos; e, daquele dia em diante, o Espírito do Senhor se apossou de Davi"* (1 Samuel 16.12,13).

POR TRANSFERÊNCIA -

Na transferência, temos o beijo, conforme a unção de Saul. Beijo e imposição de mãos, nas bênçãos patriarcais, e contato com os profetas. Neste item, destaco Elias. *"E estendendo-se três vezes sobre o menino, clamou ao Senhor e disse: Ó Senhor, meu Deus, rogo-te que faças a alma deste menino tornar a entrar nele. 22 O Senhor atendeu à voz de Elias; e a alma do menino tornou a entrar nele, e reviveu"* (1 Reis 17.21,22).

POR UNÇÃO E TRANSFERÊNCIA -

Fechando as impartições do Velho Testamento, encontramos um projeto divino interessante, pois temos uma anuência de Deus ao Rei Davi. Este, está transferindo o dom ao seu filho, sendo que Salomão é o receptor. Davi estava acamado. Ciente de sua morte, passa orientações ao sacerdote e ao profeta, assim ligando o terreno e o celestial. Pois o sacerdote liga o homem a Deus e o profeta liga Deus ao homem! Davi orienta quanto ao procedimento de transferência do Reino ao filho escolhido, Salomão, mesmo contra a vontade de seu outro filho com direito ao trono: Adonias. O que vemos na sequência é Deus fazendo uma Aliança com o novo Rei, ratificando o que fora feito. *"Disse o rei Davi: Chamai-me Zadoque, o sacerdote, e Natã, o profeta, e Benaia, filho de Joiada. E eles se apresentaram ao rei. 33 Disse-lhes o rei: Tomai convosco os servos de vosso senhor, e fazei montar meu filho Salomão na minha mula, e levai-o a Giom. 34 Zadoque, o sacerdote, com Natã, o profeta, ali o ungirão rei sobre Israel; então, tocareis a trombeta e direis: Viva o rei Salomão! 35 Subireis após ele, e virá e se assentará no meu trono, pois é ele quem reinará em meu lugar; porque ordenei seja ele príncipe sobre Israel e sobre Judá"* (1 Reis1.32-35).

Iniciou-se assim um período de paz e prosperidade à nação Israelita, como nunca visto antes.

Impartição no Novo Testamento

Também temos três formas:

- CONTATO;
- UNÇÃO e
- IMPOSIÇÃO DE MÃOS.

CONTATO E TRANSFERÊNCIA

Relembrando o significado de *"IMPART"*: conceder, dar, conferir, comunicar, participar, notificar, divulgar e revelar. Isto aconteceu sob a tutela da graça, situação comum no início do século. Da impartição de maior relevância, pelo contato, foi o uso dos Dons, sendo o principal o de "CURA". Desta maneira, estavam exercendo o que fora recebido, portanto concedendo mais do que tinham recebido. *"Pedro, porém, lhe disse: Não possuo nem prata nem ouro, mas o que tenho, isso te dou: em nome de Jesus Cristo, o Nazareno, anda!7 E, tomando-o pela mão direita, o levantou; imediatamente, os seus pés e tornozelos se firmaram"* (Atos 3.6,7). Implícito temos a cura dimensional, pois este homem não tinha fé para receber o milagre por si só. Este mesmo apóstolo tem muitos outros acontecimentos que pelo contato promoviam milagres em nome de Jesus.

UNÇÃO -

Diferentemente do modelo do Velho Testamento, a unção toma contornos mais abrangentes. Pois, além do propósito inicial que era o de ungir ou untar com o derramar do óleo, agora encontramos unção denotando autoridade sobre o comissionado. Temos também unção, quanto à intensidade do uso dos Dons específicos, com a clara intenção de ministrar a todo o corpo da igreja. Dons espirituais é um termo que pode ser traduzido pela palavra grega "CARISMA", dons pela graça, cuja fonte motriz é o Espírito Santo. Dons que no Novo Testamento aparecem sendo transferidos ou impartidos pela imposição das mãos.

Enquanto Jesus andava ~~junto aos~~com seus discípulos, sua promessa era de que eles seriam cheios de poder quando do alto fossem revestidos. O fato tornou-se público na descida do Espírito Santo (Atos 2). Os ensinamentos do Mestre, em grande parte foram peripatéticos, isto é, vivenciaram-se os ensinos. Os primeiros ministérios, depois da ascensão, que aparecem são o apostólico e o diaconal (Atos 6). Porém, o ministério apostólico (depois dos doze) que temos conhecimento, relatado na palavra, se deu por contato e transmissão (imposição das mãos). *"Então, Ananias foi e, encontrando na casa, impôs sobre ele as mãos, dizendo: Saulo, irmão, o Senhor me enviou, a saber, o próprio Jesus que te apareceu no caminho por onde vinhas, para que recuperes a vista e fiques cheio do Espírito Santo"* (Atos 9.17).

Na afirmação de Mateus 28, Jesus tem em suas mãos todo o poder e, portanto, com este poder, Ele pode comissionar e enviar quem quer que queira na força do Espírito Santo! A preocupação fica evidente quando se percebe que os dons ministeriais, bem como o fruto do espírito, necessitam de provas quanto ao chamado e testemunho. E, hoje, temos as pessoas se autointitulando apóstolos, profetas e mestres, quando na verdade não deram provas do próprio chamado. O assunto fica muito mais sério quando em atos de rebeldia, ou por espírito de facção, as pessoas saem de suas igrejas para abrirem outras portas como se fossem ordens do Senhor. Uma frase nos últimos tempos é: "Debaixo de que cobertura espiritual você está"? A cobertura deve ser do Espírito Santo, é claro! Porém, esta pergunta se faz no sentido de se encontrar quem é o tutor deste chamado, ministério ou denominação, pois muitas pessoas estão sendo motivadas pela obtenção de status ou benefícios que tal cobertura pode promover.

Nossa eleição é teocrática. Por revelação, somos chamados, comissionados e enviados, recebendo o ministério, por imposição de mãos ou unção, de quem já é líder, seja apóstolo, profeta ou pastor. Portanto, não será por uma comissão de irmãos ou dois e três dissidentes de uma visão, que se dará autoridade sacerdotal a alguém, pois dissidência e facção são princípios malignos! *"A ninguém imponhas precipitadamente as mãos. Não te tornes cúmplice de pecados de outrem. Conserva-te a ti mesmo puro"* (1 Timóteo 5.22).

Paulo mostra a Timóteo que se este discípulo colocasse alguém em evidência, não havendo correspondência ao chamado, Timóteo seria participante ou responsável direto pelos pecados cometidos por ele. Hoje, devido à superficialidade com que tratamos a obra de Deus, há muitos ~~Pastores~~ pastores que estão pastores, mas não o são; ~~o.~~ Outros ainda há que são. Por isso, ~~não estão~~ não se deve dar margem ~~dando margem~~ a qualquer ~~um~~ pessoa que tenha domínio de público ~~e~~ ou uma boa oratória, ~~para~~ a estar ~~na~~ na ~~liderança~~ frente de uma igreja. ~~Estamos falando de impartição.~~ Isto não significa que alguém que não recebeu autoridade ou o dom de alguém não possa evangelizar!

A impartição é o canal pelo qual deve fluir a revelação de Deus para cumprir um propósito determinado pelo Senhor, pois Paulo fala aos Romanos que o desejo dele era repartir os dons com esta igreja. No seguinte texto, vai aparecer este conceito de forma explícita: *"Porque muito desejo ver-vos, a fim de repartir convosco algum dom espiritual, para que sejais confirmados"* (Romanos 1.11). É claro que o conhecimento passa pela fala ou ensino, mas aqui vemos que existe algo a mais: repartir os dons. Isto é, comunicar, pela graça, o carisma, a necessidade da disseminação dos dons Espirituais. A ênfase aqui é semear, espalhar, derrubando barreiras para que a grande comissão possa fluir!

Imposição de Mãos

A linguagem das mãos é tão comum que, muitas vezes, o fato passa despercebido. Por exemplo: Você sabe qual é a segunda língua oficial do Brasil? Não é o Espanhol nem o Inglês! É a linguagem de Libras (Linguagem Brasileira de Sinais).

Outras situações para mãos:

a. Mãos ao alto significam rendição;
b. Mãos ao alto, espalmadas para cima, é petição, súplica, à espera de receber algo.
c. Mãos ao alto, espalmadas para baixo: impartimos, abençoamos, transferimos e outorgamos, pela autoridade, a quem está em sujeição para receber. Isto posto, já foi comentado que uma das transferências apresentadas é a de herança pela bênção patriarcal.

Quando Paulo alerta Timóteo sobre a imposição de mãos (1 Timóteo 5.22), ele está dando a importância devida ao ato. Se negligenciado, o ministrador passa a ser responsável ou culpado se o ministrado não corresponder à obediência a ele conferida. O Velho Testamento é a prefiguração das coisas que deveriam acontecer no Novo. Quando negligenciados, erramos e, no mínimo, cometemos o pecado de irreverência. No Egito, a proteção da última praga, foi o sacrifício de um animal, cujo sangue foi espargido nos umbrais das casas hebreias. *"Porque a vida da carne está no sangue. Eu vô-lo tenho dado sobre o altar, para fazer expiação pela vossa alma, porquanto é o sangue que fará expiação em virtude da vida"* (Levítico 17.11). O sangue dos primogênitos foi substituído pela vida do animal que a família ofereceu. E o símbolo de proteção foi o espargimento do sangue do animal sacrificado, nos umbrais das portas.

Depois da consagração de Arão e de seus filhos como sacerdotes, um dos ofícios deles era receber o sacrifício por parte de Israel. Neste ofício, o sacerdote sacrificava o animal, segurando-o pelo chifre ou cabeça, pegava do seu sangue e o espargia sobre o altar. *"E Moisés, o imolou, e tomou o sangue, e dele pôs, com o dedo, sobre os chifres do altar em redor, e purificou o altar; depois, derramou o resto do sangue à base do altar e o consagrou, para fazer expiação por ele"* (Levítico 8.15). Neste ato, a vida do sacrificado era transferida para o altar, isto é, vida por vida!

Logo a seguir, o Senhor determina que o resgate dos primogênitos seria pela consagração dos Levitas ao sacerdócio. *"Quando, pois, fizerem chegar os levitas perante o Senhor, os filhos de Israel porão as mãos sobre ele.11Arão apresentará os levitas como oferta movida perante o Senhor, da parte dos filhos de Israel; e serão para o serviço do Senhor"* (Números 8.10,11). Nesta consagração, os levitas tornam-se parte integrante do altar, suas vidas eram dadas em sacrifício a Deus. Os cConsagrados, devem prestar obediência, reverência e trabalho para o Senhor. Quando há desobediência, a punição é a morte! Exemplos: Eli, Nadabe e Abiú, Uzá e outros.

A intensidade transacional para o Novo Testamento é válida. Por isto, alguns não entendem porque pode ocorrer a morte prematura de ministros e ministérios no tempo presente, pois houve a consagração pela imposição de mãos ao sacerdócio. Não fazer, negligenciar ou desobedecer ao chamado é cometer o pecado da irreverência! Sua punição? é a A morte! ~~Neste caso de uma pessoa,~~ Ppode ser a morte física, mas também a morte do ministério pessoal ou ministério como ofício ou denominação. As mãos, no Antigo Testamento, tinham tanta importância quanto a declaração de bênção ou maldição proferida, pois o espargimento, a consagração e o sacrifício eram feitos pelas mãos do oficiante.

Transmissão dos Dons Espirituais

Aqui, transmissão, ato ou efeito de transmitir, é impartir dons, ministérios, legado e missão. Na ação transacional do velho para o novo, foi deixado de oferecer o sacrifício no altar, mas a consagração pela imposição de mãos passa a ter um peso ainda maior, pois nesta ação quem recebe a imposição tem que compreender que houve uma oferta ou entrega deste consagrado ao altar, não mais tendo domínio sobre si. Ele passa a pertencer ao Senhor para o ofício de um ministério. Não existe o direito de negligência ou de desobediência. A quem foi consagrado, ou separado, cabe agora pela imposição de mãos:

a. Transmitir cura;
b. Transmitir dons espirituais, e
c. Delegar autoridade.

A imposição de mãos é transcendente, pois transfere uma capacitação ou verdade espiritual. Vejamos o cuidado que deve ser observado:

- Por quem impõe:
  eEm quem está sendo imposta sua mão?
- !

- Por quem recebe:
  dDe quem você recebe?!

Quem impõe a mão é um, quem distribui os dons é outro: o Espírito Santo! Por isto, devemos ter a direção deste mesmo Espírito, porque o primeiro é consequência da orientação do segundo. *"Mas um só e o mesmo Espírito realiza todas as coisas, distribuindo-as, como lhe apraz, a cada um, individualmente"* (1 Coríntios 12.11). *"Não te faças negligente para com o dom que há em ti, o qual te foi concedido mediante profecia, com a imposição das mãos do presbitério"* (1 Timóteo 4.14).

Hoje, na prática da ortodoxia de ministérios tradicionais, procura-se confirmar, pelo conteúdo teológico, obreiros que não foram chamados. Estabelece-se o que não tem o aval celeste, assim o humanismo toma conta da igreja. Se o obreiro procura fazer do ministério uma profissão, perde ele e a igreja que o elegeu. O chamado tem que ser estabelecido pela revelação e não por uma eleição democrática, geralmente realizada pelos donos da igreja. Por outro lado, no neopentecostalismo, a negligência se manifesta da seguinte maneira: a pessoa acha que se recebeu um chamado, então só ele basta. E, entende erradamente que não precisa buscar o conhecimento teológico elementar. Isso evidencia um radicalismo exacerbado. Precisamos voltar ao equilíbrio, marcado pelas seguintes fases: chamado, confirmação, capacitação e dependência do Espírito.

BATISMO NO ESPÍRITO

Na teologia pentecostal, temos a noção de que quando batizados recebemos o Pai, o Filho e o Espírito Santo. A evidência dos dons se dá pela manifestação dEles. O falar em línguas estranhas é um dom e se manifesta em algumas pessoas de forma espontânea e em outros pela impartição ou imposição de mãos. *"Então, lhes impunham as mãos, e recebiam estes o Espírito Santo"* (Atos 8.17).

CURAS E SINAIS

Para quem foi impartido, ⟶ esta pessoae passa agora a ser um receptáculo confluente, isto é, o canal pelo qual se transmite ou se passa ~~(a quem é ministrado)~~ a bênção ou o poder vindo do alto. Há uma heteronomia, pois de forma espontânea, nos colocamos sob um sistema celestial, em sujeição, conduta e submissão. *"Muitos sinais e prodígios eram feitos entre o povo pelas mãos dos apóstolos"* (Atos 5.12). Este assunto não está nem perto de se esgotar! Por isto volto a citar: *"Não **te faças negligente** para com o dom que há em ti, o qual te foi concedido mediante profecia, com a imposição das mãos do presbitério"* (1 Timóteo 4.14, grifo acrescentado).

Líder por Vocação

Por vocação, temos uma inclinação, propensão, tendência e disposição natural de espírito a realizar ou participar diretamente de um chamado. Vocação vem do Latim "vocatio" ou "vocare", que significa: chamar. É uma tendência natural de responder a um chamado, no exercício de uma habilidade, por aptidão natural ou talento. No cristianismo, estes talentos estão acrescidos de dons ou ministérios.

Quanto à liderança, encontramos três formas de líderes:

- LÍDER NATO;

- LÍDER POR USURPAÇÃO;

- LIDER POR IMPARTIÇÃO.

LIDER NATO

É um termo usual para caracterizar alguém que se sobressai em algum momento. Nato é uma qualidade, daquilo que vem desde o nascimento, é inerente, é do próprio indivíduo, é espontâneo. No livro de Mateus, encontramos a citação: *"Porque muitos são chamados, mas poucos escolhidos"* (Mateus 22.14). No texto, encontramos margem para entender que nas lideranças bíblicas, desde os patriarcas até os apóstolos, alguém para exercer um ministério específico tinha uma marca celestial, mesmo porque em grande parte destes, a perseguição do inimigo foi implacável, tentando destruí-los. Por outro prisma, fica evidente a intervenção divina quanto ao sucesso destes ministérios. Portanto, no líder nato, sempre haverá indicativos, por mais imperceptíveis que sejam, que denunciará uma tendência de liderança. Um Líder nato tem dentro de si a vocação que, aliada ao projeto de Deus na grande comissão, encontrará a motivação adequada para desenvolver o propósito divino. O carisma desta liderança será o ponto de atração para convergir ao que é mais importante, isto é, a exposição da verdade em Cristo Jesus. Paulo, em sua defesa apostólica, descreve sua posição e trabalho, na vida pessoal e no ministério. Sua capacitação, na vida pessoal, convergiu para o evangelho, fazendo-o passar das fronteiras de Israel.

Um líder nato vive com intensidade em tudo que se posiciona. Quanto ao evangelho, este líder o viverá tão intensamente, que ficará difícil perceber o que é dele ou o que é de Deus. *"Logo, já não sou eu quem vive, mas Cristo vive em mim; e esse viver que, agora, tenho na carne, vivo pela fé no Filho de Deus, que me amou e a si mesmo se entregou por mim"* (Gálatas 2.20).

LÍDER POR USURPAÇÃO

~~Não é de hoje que muitos~~M, ~~m~~ovidos por motivos corrompidos, muitos querem tornar-se ou se fazem~~r~~ líderes. Seja na política ou na igreja, encontramos casos ~~e mais casos~~ de líderes que estão líderes, mas não são, pois têm sobre si o peso de uma autoridade maculada. Exemplo: uma eleição democrática, onde temos os 100% de votos assim distribuídos: 30% dos votos constituem-se de abstenções e nulos, dos 70% restantes, o mais votado recebeu 50% mais um, isto significa que foi eleito por 31% dos votos, isto quer dizer que dois terços dos votantes não apoiam o eleito. Logo, este eleito é de direito, mas não de fato! Como assim, se recebeu a maioria dos votos válidos? Legalmente, não há o que contestar, mas em nível espiritual, a autoridade fica deficiente. Reiterando que a situação se refere ao líder por usurpação. ~~Em outra situação, em que a vontade divina esteja presente, é o eleito mais Deus, portanto é a maioria absoluta. Inconteste!~~ Logo, se o eleito não é o líder de fato, o que observamos são situações que implicam falta de autoridade deste eleito. E quando o poder é imposto, abre margem para todo o tipo de desvios de conduta.

A usurpação é apoderar-se por violência ou por artifício, tomar posse de..., obter alguma coisa sem o devido mérito.

Vem do latim "usurpare". Líder por usurpação: "FEZ-SE LÍDER"! Etimologicamente, usurpar vem da composição das palavras "usus": de direito de uso, utilização; e "rapere": arrebatar com violência, utilizar sem permissão. Dá origem a termos como Rapina: roubo com violência e o inglês Raper: estuprador. Usurpação está sempre ligada a atos contra alguém (ou pessoas), envolvendo mentiras, enganos e violência.

No Velho Testamento, encontramos uma usurpação de identidade, isto é, alguém que assumiu a identidade de outro. *"Jacó foi a seu pai e disse: Meu pai! Ele respondeu; Fala! Quem és tu, meu filho? 19 Respondeu Jacó a seu pai: Sou Esaú, teu primogênito; fiz o que me ordenaste. Levanta-te, pois assenta-te e come da minha caça, para que me abençoes"* (Gênesis 27.18,19). Inicialmente, a história que envolve estes dois personagens foi marcada por palavras proféticas: o mais novo teria domínio sobre o mais velho. Em termos de herança, seria o primeiro que estaria com os direitos. Vendeu-o por um prato de lentilha (Gênesis 25.29-34). Este ato impensado permitiu a seu irmão ter os direitos de herança pela bênção patriarcal. Desta maneira, por artimanha e com cumplicidade de sua mãe, o intento ilícito foi alcançado.

Nos reinados de Israel e Judá, temos exemplos de usurpação de tronos ou reinados. Dentre estes, destaco o episódio de Absalão, filho do Rei Davi. Observamos que Salomão não era o primeiro filho de Bate-seba, pois o primeiro filho do relacionamento com Davi morrera. Esta foi a punição a Davi pelo relacionamento adúltero. Salomão não era o primeiro filho do Rei, assim estava abaixo na linha de sucessão. Sucessoriamente, Salomão estaria bem abaixo na linha para o trono, mas foi feito rei pelo próprio ~~Pai~~pai, Davi. Aparentemente, Absalão, por seu porte atlético, era o preferido de Davi, mas que também não era o seu primogênito (1 Crônicas 3).

Tão marcante foi a vida de Absalão, no sentido negativo, que hoje dentre os espíritos manipuladores na igreja, denomina-se como "O espírito de Absalão", para exemplificar atitudes de algumas pessoas. São indivíduos que se rebelam contra a autoridade, por mais que se tenha razão quanto ao não reconhecimento de seu trabalho ou dedicação. O problema está dentro da pessoa, quanto ao caráter, marcado pela fraqueza e mesquinharia. Eles simplesmente se rebelam, por não se sentirem apreciados ou achar que o lugar de liderança deve estar na mão deles. Absalão tinha o amor do pai, mas pela omissão quanto à correção dos pecados cometidos pelos filhos, mostra-se Davi um pai despreparado e omisso. Tal fato gerou todas as tragédias referidas nas passagens que contam sua história no Velho Testamento. São fatos pesados, envolvem incesto, homicídio e outros. Lógico, que isso não justifica as atitudes de Absalão. Rebeldia, desonra, desrespeito e incitação contra o Rei e pai foram seus pecados. Ele tocou no ungido do Senhor, pecando contra o próprio Deus. O resultado desastroso foi: mais de vinte mil mortes pela guerra, descrédito de seu pai pela nação e, por último, a sua própria morte. O rapaz foi vencido pelo orgulho e egoísmo, pela tentativa de usurpação. De forma legal, a herança poderia se tornar dele, se tornaria o Rei de Israel, mas o adjetivo por ele mostrado, sua reprovação, procedeu dos céus! A evidência do líder na igreja feito pela usurpação será sempre um final trágico, pois morrem ele e seus seguidores. *"Rogo-vos, irmãos, que noteis bem aqueles que provocam divisões e escândalos, em desacordo com a doutrina que aprendestes; afastai-vos deles, 18 porque esses tais não servem a Cristo, nosso Senhor, e sim a seu próprio ventre; e, com suaves palavras e lisonjas, enganam o coração dos incautos"* (Romanos 16.17,18).

Vamos verificar outro exemplo, ainda na família real: Adonias, o quarto filho de Davi. Sendo ele o mais velho dos filhos vivos, por herança, teria direito ao trono de Israel, mas não era o desejo de seu pai e também não estava nos planos divinos. Adonias se valeu do fato que o seu pai Davi nunca o havia contrariado. Trouxe consigo um sacerdote para oficiar-lhe os sacrifícios, trouxe alguns simpatizantes, mas como foi comentado no item de impartição do Velho Testamento, unção e transferência, faltou a figura do profeta. *"Então, Adonias, filho de Hagite, se exaltou e disse: Eu reinarei. Providenciou carros, cavaleiros, e cinquenta homens que corressem adiante dele. 6 Jamais seu pai o contrariou, dizendo: Por que procedes assim? Além disso, era ele de aparência mui formosa e nascera depois de Absalão. 7 Entendia-se ele com Joabe, filho de Zeruia, e com Abiatar, o sacerdote, que, seguindo-o, o ajudavam"*... *"Porém a Natã, profeta, e a Benaia, e os valentes, e a Salomão, seu irmão, não convidou"* (1 Reis 1.5-7 e 10). Exaltação foi o erro cometido por este filho de Davi. Procurou se redimir, pedindo por clemência. Logo a seguir, porém, cometeu outro erro, conforme descrito na sequência deste capítulo do referido livro. Erro que lhe foi fatal.

Lider por Impartição

Líder por impartição tem sobre si algumas características que o diferem de outros líderes, pois em alguns casos esta liderança não é aceita de bom grado ou é aceita apenas por resignação. Às vezes, quem aceita esta liderança está desprovido de qualquer intenção de mudança, mesmo porque a liderança impartida não condiciona a necessidade de desejo ou aprovação por aqueles que a aceitam.

Moisés é um exemplo clássico de chamado e autoridade impartida. Conta-se uma narrativa teofânica, das de maior relevância, depois do Éden. O fato está descrito no acontecimento da sarça ardente (Êxodo 3). O Senhor Deus comissiona Moisés, mas este não via em si capacidade para cumprir com os propósitos divinos. Desculpou-se e apresentou razões pelas quais não se achava apto. Por fim, em sua resignação, aceitou. *"Vem, agora, e eu te enviarei a Faraó, para que tires o meu povo, os filhos de Israel, do Egito. 11 Então, disse Moisés a Deus; Quem sou eu para ir a Faraó e tirar do Egito os Filhos de Israel?"* (Êxodo 3.10,11). Nesta impartição, no Velho Testamento, o acontecimento épico norteia a história, pela sua dramaticidade, grandiosidade e relevância, reescrevendo a história de Deus para com seu povo, fazendo de Moisés o mediador de Deus para com o povo.

A história prossegue com a unção e chamado dos primeiros reis de Israel: Saul, Davi e Salomão. Estas escolhas foram da parte de Deus, em tempo e razões que só pertencem aos atributos divinos. No Novo Testamento, há uma pluralidade de líderes impartidos, por causa da necessidade da grande comissão (Mateus 28). Desde o primeiro século até agora, temos a evidência de líderes cuja qualificação se deu pela intervenção divina. Racionalizando, não se pode entender a escolha dos Apóstolos como Pedro e Paulo, mas a essência do Espírito Santo se apoderou dos tais. Eles nos deixaram ensinos importantes, responsáveis pela conduta da igreja nos dias atuais. Assim, os líderes por impartição carregam em si uma marca, quer seja por preordenação ou eleição. Cabe aos que têm esta autoridade simplesmente impartir, pois o Senhor já os fez líderes! "*E ele mesmo concedeu uns para apóstolos, outros para profetas, outros para evangelistas e outros para pastores e mestres, 12 com vistas ao aperfeiçoamento dos santos para o desempenho do seu serviço, para a edificação do corpo de Cristo*" (Efésios 4.11).

Transferência de Liderança

Em toda base de organização hierarquizada, encontramos o princípio de autoridade. Este, pode ser classificado como um gênero ou fonte de poder. Na teologia, a autoridade é vertical. No seu ápice, encontramos Deus Pai. Tudo, absolutamente tudo, está debaixo dos seus atributos eternos. Por isto, o que vem a seguir, está diretamente ligado aos seus propósitos. Portanto, a quem foi outorgada uma autoridade, tal pessoa cumpre com seus desígnios, isto é, tudo converge para um propósito maior. Ele transfere, dentro desta mesma comissão, a outrem, que dará continuidade a esse mesmo propósito! Na bênção patriarcal, o filho assume a herança e a autoridade de patriarca. No profético, o discípulo ou seguidor carrega a função de profeta. Na monarquia, o peso está em proporção de monarca, o legado, a riqueza, a autoridade. Enfim, o que era de um passa para o seu sucessor. A ordem vem do céu. Exemplo:

- Moisés transfere a liderança para Josué;
- Josué, havia andado com Moisés uma vida inteira, conhecia a promessa e a visão de Deus para com Israel.

"Sucedeu, depois da morte de Moisés, servo do Senhor, que este falou a Josué, filho de Num, servidor de Moisés, dizendo; 2 Moisés, meu servo, é morto; dispõe-te, agora, passa este Jordão, tu e todo este povo, à terra que eu dou aos filhos de Israel" (Josué1.1,2).

Samuel havia ungido a Saul rei de Israel. Ele carregava em si uma característica humana de monarca que agradava ao povo, mas não a Deus. Reprovado, um substituto deveria ser encontrado. Deus orienta seu oráculo a ir ao encontro daquele substituto, que se enquadrava nos propósitos divinos. Aos olhos de Samuel, os filhos de Jessé (o primeiro, o segundo, o terceiro), todos preenchiam os requisitos humanos, mas nãos os divinos. O processo se desenvolveu até chegar em Davi: a escolha celestial. *"Então, mandou chamá-lo e fê-lo entrar. Era ele ruivo, de belos olhos e boa aparência. Disse o Senhor: Levante-te e unge-o, pois, este é ele"* (1 Samuel 16.12).

No campo profético, veremos Elias. A Bíblia o qualifica como umas das testemunhas do Apocalipse, portanto seu ministério ainda não se encerrou aqui na terra. Recolhido aos céus, a ordem era transferir sua autoridade a Eliseu. Este, dentro de seu pedido, teria uma porção (unção) dobrada, desde que estivesse junto ao profeta na hora de sua partida.

Os relatos mostram que, por ~~doze anos~~um bom tempo, Eliseu andou junto de Elias em todas as suas incursões. *"Partiu, pois, Elias dali e achou a Eliseu, filho de Safate, que andava lavrando com doze juntas de bois adiante dele; ele estava com a duodécima. Elias passou por ele e lançou o seu manto sobre ele"* (1 Reis 19.19).

Dentro do NT, encontramos a transferência do elemento apostólico. Quando falamos apostólico, estamos nos referindo a toda comissão do Novo Testamento, desde a diaconal até os cinco ministérios. Como referido nas primeiras linhas deste material, toda a autoridade espiritual foi "colada" (conectada) nas mãos de Jesus, que por sua vez impartiu-a aos discípulos. Estes, agora apóstolos, impartiram até chegar até ao tempo presente. Portanto, a máxima é verdadeira, todos os crentes têm a impartição procedente de Jesus. Isso porque para se ouvir de Jesus, alguém falou deste Jesus. Ninguém se fez servo de Jesus, sem primeiro ter ouvido sobre Ele. *"Tendo chamado os seus doze discípulos, deu-lhes autoridade sobre espíritos imundos para os expelir e para curar toda sorte de doenças e enfermidade"* (Mateus10.1).

Assim, pelo contato e transmissão, todos os impartidos, foram tocados, quer por imposição das mãos ou por abraço, (enfim, um toque físico, para que a transferência espiritual ocorresse).

Em Jesus, Pedro e Paulo realizaram transferência de fôlego de vida. Jesus: a filha de Jairo; o filho da viúva de Naim e, pela autoridade na palavra, Lázaro. Pedro, orando, revive a Dorcas (Atos 9.36-43). Paulo, depois da queda de Êutico, ordena o seu reviver (Atos 20.9-12). Por imposição de Mãos: a diaconia, o presbitério e o apostolado. *"Havia, na igreja de Antioquia profetas e mestres; Barnabé, Simeão, por sobrenome Níger, Lúcio de Cirene; Manaém, colaço de Herodes, o tetrarca, e Saulo. 2 E, servindo eles aos Senhor e jejuando, disse o Espírito*

Santo: Separai-me, agora, Barnabé e Saulo, para a obra a que os tenho chamado. 3 Então, jejuando, e orando, e impondo sobre eles as mãos, os despediram" (Atos_13.1-3). Nisto, vemos com que seriedade era tratado o conceito de autoridade e impartição.

Nos dias atuais, a preocupação surge quando pessoas querem se fazer líderes, sem o aval pertinente. As consequências são sérias. *"E alguns judeus, exorcistas ambulantes, tentaram invocar o nome do Senhor Jesus sobre possessos de espíritos malignos, dizendo: Esconjuro-vos por Jesus, a quem Paulo prega. 14 Os que faziam isto eram sete filhos de um judeu chamado Ceva, sumo sacerdote. 15 Mas, o espírito maligno lhes respondeu: Conheço a Jesus e sei quem é Paulo;mas vós, quem sois?16 E o possesso do espírito maligno saltou sobre eles, subjugando a todos, e, de tal modo prevaleceu contra ele, que, desnudos e feridos, fugiram daquela casa"* (Atos_19.13-16).

Ativação

a impartição, percebemos um mecanismo que revela e dá impulsão ao impartido. Isso porque, em grande parte até então, não era do conhecimento da pessoa o propósito divino para o qual nasceu ou existe. Este mecanismo chama-se ATIVAÇÃO. Ativar e avivar estão interligados quanto à impartição. O primeiro conecta ou liga, impulsiona e dinamiza. O segundo mostra o sentido, dá vida ao propósito! No Velho Testamento, temos um sonhador chamado José.

Este, em sua pouca idade, teve sonhos que mostraram-lhe que toda sua linhagem se curvaria ante ele. Evidentemente, ele não sabia que se tornaria o segundo na linha de autoridade do Egito. No Novo Testamento, temos Saulo, zeloso pela causa judaica, perseguidor dos Cristãos. Não sabia ele que, no seu futuro, seria defensor, propagador e mártir pela causa que ele perseguia.

AVIVAR – é tornar mais vivo, reativar a fé na palavra do Senhor. Continuando: significa exercitar/estimular/reanimar/apressar/excitar e despertar.

ATIVAR – é conectar/apressar/acelerar/tornar ativo e impulsionar. As duas situações têm por objetivo despertar algo que dorme, tirar da inércia, fazer viver e/ou reviver, para o propósito ao qual foi criado.

Ativar, no primeiro momento, tem o sentido de instrumentalizar alguém, passando ou depositando um conhecimento específico. Exemplo: quem quer ser médico, não pode tomar instrução de um mecânico! Assim, quem quer ser um pastor, tem que buscar o conhecimento teológico adequado. *"Procura apresentar-te a Deus aprovado, como obreiro que não tem de que se envergonhar, que maneja bem a palavra da verdade"* (II Timóteo 2.15).

Na ativação, em segundo lugar, pesa a transferência de qualidade, título ou dom equivalente:

- A salvação pela exposição da palavra;

- Dons, pela imposição de mãos ou contato. Pode também ser línguas estranhas, para alguém que precisa desta evidência;

- Autoridade, se profeta! (Para o impartido ser profeta).

Em terceiro lugar, ativação, está relacionada com Revelação: trazer ao conhecimento do público ou da congregação o que era de conhecimento de poucos, com o firme propósito da expansão do novo conhecimento. Exemplo: ~~Visão~~ visão ou ~~Modelo~~ modelo evangelístico.

E, em quarto lugar, a ativação tem por objetivo a propagação do conhecimento, a transmissão das informações necessárias à expansão do reino. *"Mas recebereis poder, ao descer sobre vós o Espírito Santo, e sereis minhas testemunhas tanto em Jerusalém como em toda a Judeia e Samaria e até aos confins da terra."* (Atos 1.8).

Ativação é a obediência de uma das autoridades apostólicas a impartir ou transferir a outro, sob a revelação do Espírito, a mesma autoridade ou dom. *"Tenho ouvido, ó Senhor,as tuas declarações, e me sinto alarmado; aviva a tua obra, ó Senhor no decorrer dos anos e, no decurso dos anos faze-a conhecida; na tua ira, lembra-te da misericórdia."* (Habacuque 3.2).

Revelação

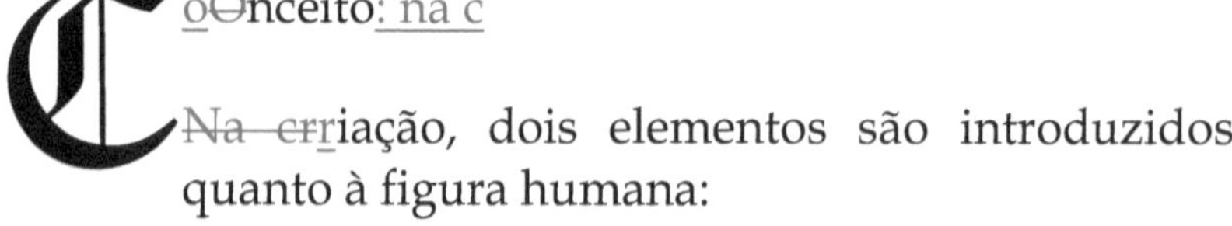

Conceito: na c

Na criação, dois elementos são introduzidos quanto à figura humana:

Primeiro,

- Deus soprou no ser criado e deu-lhe fôlego de vida, e

- o Homem passou a ser alma vivente;

Segundo,

Aqui se introduz o elemento no qual se recebem as revelações de Deus. É a comunicação de suas informações dentro de uma ação permissiva. O que Ele quer? A que momento Ele quer comunicar alguma coisa? Aqui, não se contam as teofanias, que foram revelações tangíveis de Deus em qualquer uma das suas formas, ou seja, por meio da sua glória, anjos e o próprio Filho, antes de sua aparição encarnada e também depois.

Todas as formas de comunicação de Deus para com o homem foram realizadas pela mente. Sendo assim, foram sempre recebidas e compreendidas pela razão humana, quer por visão, audição ou intuição. Contudo, não existe razoabilidade para afirmar que somente pela razão humana se é possível chegar a conhecer a Deus. O desejo ardente de todas as civilizações em buscar o " ser superior", para poder entender sua existência, procede deste Criador, que colocou na sua criatura uma necessidade de encontrar algo que dê razão a tudo. Esta centelha nunca se apaga, até que haja uma revelação completa. É assim que se evidencia o desejo humano pela sua busca, porém é Deus que se deixa ser encontrado! Por outra análise, a ideia de que Deus é insondável, imputando-se-lhe uma incognoscividade aparente, isto é, Ele seria um ser impossível de desvendar, contradiz a sua revelação. *"Porventura, desvendarás os arcanos de Deus, ou penetrarás até a perfeição do Todo-Poderoso?* (Jó 11.7). O que encontramos são limites, porções parciais de seus intentos. Estes, muitas vezes, são incompreendidos pelo gênero humano, principalmente por causa da corrupção do homem, pois um ser corrupto não pode decifrar a essência da santidade! Deus é revelado na figura de Seu Filho Jesus, que nos permite retornar ao sentido pelo qual fomos criados!

Ainda temos uma boa notícia. Ele mesmo afirma que é de seu desejo a sua revelação:*"Certamente, o Senhor Deus não fará coisa alguma, sem primeiro revelar o seu segredo aos seus servos, os profetas.8 Rugiu o leão, quem não temerá? Falou o Senhor Deus, quem não profetizará?"* (Amós 3.7,8). *"Conheçamos e prossigamos em conhecer ao Senhor, como a alva, a sua vinda é certa; e ele descerá sobre nós, como chuva, como chuva serôdia que rega a terra"* (Oseias 6.3). As linhas acima denotam a vontade de Deus em se revelar e ser conhecido. Logo, a Doutrina da Revelação é o estudo das manifestações e informações que Deus permite e faz de si mesmo.

a.1 REVELAÇÃO -

o seu significado é abrangente:

- (Início) Exposição de algo secreto, ou em segredo, para alguém compartilhar, expor ou incorporar. Isto produz esclarecimento, iluminação e acentuação, dentre outros.

- Revelação é abrir, manifestar , colocar à vista de...

- A etimologia apresenta revelação como palavra originária do latim: "RE-VELO": erguer o véu, tirar o véu, afastar o véu, desvendar.

No Velho Testamento, o Sacerdote (sacrificador) era o único que podia ir além do véu, adentrando no Santo dos Santos. Ele tinha o privilégio de ficar na presença da glória de Deus para receber a mensagem, isto é, acolher a revelação dos seus projetos para o tempo determinado. No Novo ~~testamento~~Testamento, Jesus (O ~~Sacrifício~~sacrifício) rasga o véu, promovendo a acessibilidade a todos, chamados ou eleitos, distribuindo a todos os dons Ministeriais (Efésios 4.11). É o próprio Jesus o objeto da revelação! *"Respondendo Simão Pedro, disse: Tu és o Cristo, o filho do Deus vivo. ~~17~~Então, Jesus lhe afirmou: Bem-aventurado és, Simão Barjonas, porque não foi carne e sangue que to revelaram, mas meu Pai, que está nos céus"* (Mateus 16.16,17).

Revelação Divina

N o Éden, o Senhor interrompe um contato íntimo com o ser humano, mas Adão e seus descendentes não deixaram de reconhecer a existência de um Deus. Passados os tempos, este Deus começa a desenvolver sua aproximação com o homem. Exemplo: Abrão e seus filhos. Esta aproximação trouxe consigo o conceito de Revelação Divina. O conceito é também entendido como a necessidade de se revelar, de manifestar-se, com o sentido de uma aparição na teofania. Por fim, tornar claro algo com a comunicação e transmissão de informações, para nortear e aprumar o caminho de volta para os céus a todos os que prontamente se dispuserem a isto. Assim, os tempos e revelações podem ter momentos distintos, como uma revelação pode se interpor sobre um tempo e outro tempo, bem como os agentes podem ser revelados um pelo outro.

Exemplos a serem analisados:

●—No passado:

Deus Pai revela o Filho Jesus e o Espírito Santo.

●—No Novo Testamento:

●——Jesus, o Filho, revela o Pai e o Espírito Santo;

–O Pai continua a revelar o Filho.

——O Espírito Santo revela O Filho.

No Velho Testamento -

Neste período testamentário, o texto não deixa bem clara uma teofania. Podemos deduzir pela falta da clareza desta manifestação que as outras revelações foram por epifania.

EPIFANIA

As experiências de Moisés envolveram as duas situações. Deus se mostrou atrás da pedra a ele e a maior parte das informações contida na Torá foi por epifania, que em nenhum momento deixa de ser a revelação de Deus! Portanto, o termo revelação tem o vocábulo "gãlâ": descobrir e tirar. Ou seja, se deixar mostrar, aparecer. Outro vocábulo é "epepháné": revelação, manifestação, em grande parte epifânica, promovida pela súbita sensação e compreensão da mensagem. Isso se dá, quase sempre, de forma imperativa a ser obedecida ou observada. *"As coisas encobertas são para o Senhor, nosso Deus, porém as reveladas são para nós e para nossos filhos, para sempre, para cumprirmos todas as palavras desta lei"* (Deuteronômio 29.29). A singularidade, clareza, inspiração e o sobrenatural caracterizam a epifania.

TEOFANIA

Teologicamente, este conceito é a manifestação de um agente divino, numa manifestação da glória de Deus: seja em lugar, coisa ou pessoa. Do grego Theophania, é a composição de um substantivo: "theós", mais o verbo "phaneróõ': fazer conhecido. O fato pode se dar pela revelação ou mesmo por se dar a conhecer. A multiplicidade de eventos descortina a natureza, atributos e caráter de Deus, tornando-o compreensível ao homem, nas manifestações de sua tri unidade: Pai, Filho e Espírito Santo. Entende-se que o processo pode ser parcial, dando o motivo ou exemplificando a razão pela qual se revelou. Sabendo que Jesus, na forma encarnada, só aparece pelo nascimento virginal, muitos acreditam ser uma cristofania alguns eventos no Velho Testamento, seja pela aparição ou pelas mensagens envolvidas nos eventos relatados. Teofanias e Epifanias podem ter distinção quanto à revelação, mas também podem proceder de um mesmo canal. Podem ser intuitivas ou/e sensitivas, não no sentido mediúnico, mas de sensação. Compreenda-se que o conceito envolve a clareza da mensagem, seja por visão ou audição, respaldada pela inspiração e confirmação de Deus. O amigo de Deus, Moisés, vivencia as duas experiências:

- Visível: ele vê o Anjo, e

• Audível: ele ouve a voz de Deus.

"Apareceu-lhe o Anjo do Senhor numa chama de fogo, no meio de uma sarça; Moisés olhou, e eis que a sarça ardia no fogo e a sarça não se consumia. 3 Então, disse consigo mesmo: Irei para lá e verei essa grande maravilha; por que a sarça não se queima? 4 Vendo o Senhor que ele se voltava para ver, Deus, do meio da sarça, o chamou e disse: Moisés! Moisés!: Ele respondeu: Eis-me aqui!" (Êxodo 3.2-4).

Outra passagem interessante quanto às aparições do Senhor nos permite a conjectura, sem pecar, pois podemos perceber uma teofania ou uma cristofania, envolvendo agentes humanos e/ou angelicais. *"Apareceu o Senhor a Abraão nos carvalhais de Manre, quando ele estava assentado à entrada da tenda, no maior calor do dia, 2 Levantou ele os olhos, olhou, e eis três homens de pé em frente dele. Vendo-os, correu da porta da tenda ao seu encontro, prostrou-se em terra 3 e disse: Senhor meu, se acho mercê em tua presença, rogo-te que não passes do teu servo; 4 traga-se um pouco de água, lavai os pés e repousai debaixo desta árvore"* (Gênesis18.1-4). Esta passagem é de suma importância porque marca a concretização da promessa feita a este patriarca citado. Fazemos parte deste mover de Deus, pois somos contados, como as estrelas dos céus e a areia do mar. Podemos ver suas aparições e agentes, de forma visível, audível, humana/ angelical.

Consideremos outras aparições:

• Na forma de fogo e fumaça:

"Todo o monte Sinai fumegava, porque o Senhor descera sobre ele em fogo; a sua fumaça subiu como fumaça de uma fornalha, e todo o monte tremia grandemente" (Êxodo19.20).

• Na forma de nuvem:

———*"Então, a nuvem cobriu a tenda da congregação, e a glória do Senhor encheu o tabernáculo"* (Êxodo 40.34).

- O Espírito Santo, na forma de pomba:

"Batizado Jesus, saiu logo da água, e eis que se lhe abriram os céus, e viu o Espírito de Deus descendo como pomba, vindo sobre ele" (Mateus 3.16).

- Por último, uma cristofania.

- Foi descrita pelo próprio Senhor Jesus: *"Isto disse Isaías porque viu a glória dele e falou a seu respeito"* (*João 12.41*). Assim, por esta apresentação, todas as aparições e revelações convergem para a——_maior revelação manifesta no Novo Testamento: Jesus, o Messias. O Mestre é a revelação do Filho de Deus, bem como o intuito da mensagem divina nos é apresentado a partir dEle.

Novo Testamento

"Eis que o véu do santuário se rasgou em duas partes de alto a baixo; tremeu a terra, fenderam -se as rochas" (Mateus 27.51). Este evento transcende de forma absoluta, permitindo ao homem a investigação, a informação, e dando-lhe a entender os mistérios por detrás do véu. Esta rotura esclarecedora foi promovida pelo Senhor! O Bloqueio existente foi tirado, abrindo caminho para a presença de Deus. Diga-se de passagem, um novo e vivo caminho! O sangue de Jesus, o sacrifício perfeito e único, foi a senha, o preço aceito pelo Senhor Deus! A amplitude, a dimensão que a revelação toma, no Novo Testamento, é muito grande. Porque Jesus já era a revelação, passa agora a ser manifestação presente: nosso alimento, nosso instrutor, enfim nosso tudo. *"E há diversidade nas realizações, mas o mesmo Deus é quem opera tudo em todos"* (1 Coríntios 12.6).

Lucas apresenta Jesus como luz para os gentios: *"Luz para revelação aos gentios e para glória do teu povo de Israel"* (Lucas 2.32) João retrata Jesus como o verbo encarnado, isto é, a ideia de Deus, o Logos, a Palavra e o Rhema – a Palavra que gera a vida de Deus para os homens. *"No princípio era o Verbo, e o Verbo estava com Deus, e o Verbo era Deus"* (João 1.1).

A doutrina da revelação no NT descreve a comunicação direta dos agentes divinos, pontuando sua mensagem, propósitos e decretos, impartindo e comissionando o mesmo homem. Cabe-lhe, inclusive, a difusão desta mensagem. Diferentemente da revelação do Velho Testamento, agora o conceito vai além, pois dimensiona a revelação para o futuro. O termo grego é "apokalypsis," no sentido de revelar, tirar o véu. A ideia carrega agora o conceito de tornar claro, inserindo uma capacidade de recepção de informações e revelação pelo Espírito Santo ao homem interior, tornando-o um meio ou um canal desta revelação. Esta capacitação vem pelo exercício de dons espirituais, colocando em evidência o chamado de Conhecimento e Ciência. "Pela palavra de Sabedoria e palavra do Conhecimento" (1 Coríntios12.8). Outros simplificam, denominando tudo isso como: A Revelação!

REVELAÇÃO

Ela pode ser:

1. Intuitiva (epifania): uma intuição clara, com riqueza de detalhes;

2. Visão: de algo ou de algum evento;

3. Sensitiva: na sensibilidade de sentir o que o outro sente;

4. Auditiva: receber a informação de forma audível.

Observação: o item 3 pode trazer confusão quanto à sua manifestação, pois a linha que discerne as manifestações espirituais é tênue, tanto da parte maligna como da vinda da parte de e Deus.

Logo, quem teve envolvimento com práticas mediúnicas e espíritas pode desenvolver estas práticas nos púlpitos das igrejas e achar que são de Deus. Assim a sugestão é: no desenvolvimento de qualquer dom, dentro da igreja (ou de forma singular) tem que buscar o dom de discernimento de espíritos (1 Coríntios 2.10). Chegamos ao final com convicção: a revelação no Novo Testamento é de que os mistérios, as coisas escondidas em épocas passadas, agora se dão a conhecer, sendo uma das principais: a concessão da salvação aos gentios em Cristo Jesus. *"Ora, àquele que é poderoso para vos confirmar segundo o meu evangelho e a pregação de Jesus Cristo, conforme a revelação do mistério guardado em silêncio nos tempos eternos, 26 e que, agora, se tornou manifesto e foi dada a conhecer por meio das Escrituras proféticas, segundo o mandamento do Deus eterno, para a obediência por fé entre todas as nações"* (Romanos 16.25,26).

As Divisões da Revelação Divina

Considere frases como:

"Deus está me falando!" — "O Espírito me revela!", ou, "Estou sentindo de Deus!".

Muitos dos que se utilizam destas frases, podem até sentir certas emoções, mas elas se tornaram como um vício de linguagem. Buscam em si alguma informação ou sensação que lhes esteja na alma.

Ficando só com a pessoa em si, o mal é para elas mesmas. Mas ~~: prejuízo dela!~~ Mas, quando passad~~as~~o como sendo um oráculo do Senhor, tomam-se contornos perigosos, passível de punição! Por isto devemos ter o maior cuidado para tratar com as revelações de Deus. A revelação está para satisfazer as necessidade espirituais, com intuito de promover a adoração ao Deus revelado, que por sua vez responderá ao homem com experiências sobrenaturais.

Há o reconhecimento, na teologia cristã, das chamadas: "revelação geral" e "revelação especial". Estes são os modelos de ~~Revelação~~ revelação divina, às vezes, compreendidas como autorrevelação, paulatinas e progressivas. Ferrenhos estudiosos procuram validar qualquer fato novo como sendo uma revelação do poder criativo da natureza, sempre numa ação teísta. Eles procuram colocar uma superioridade de um poder, que dá criação ou vida a outra forma de poder. Procuram, dentro de uma ação evolucionista, creditar à evolução um poder (que não dá provas de sua evolução!) Os fervorosos conseguem, por fé, ver em qualquer movimento, quer seja da natureza ou da existência humana, que existe um Deus, e Este é o Criador de todas coisas! Na Bíblia, entendida como a revelação especial de Deus, temos condição de, dentro da revelação, tirar tantas quantas informações e novas revelações o Senhor permita. Pois ela se renova, se reinventa, no poder criativo do Senhor!

REVELAÇÃO GERAL

Na Revelação Geral, encontramos a revelação passiva de Deus. É onde Ele se revela pelo que é, na criação e na natureza, é revelado pela ação geracional, na qual o pai transfere para o filho as informações que tem deste Deus. Dentro da revelação passiva, o espírito que habita no homem mostra a sua necessidade de redenção. Assim, quando um interlocutor discorre sobre as informações que tem de Deus, este espírito suspira, por querer este Deus! *"Não te esqueças do dia em que estiveste perante o Senhor, teu Deus, em Horebe, quando o Senhor me disse: Reúne este povo, e os farei ouvir as minhas palavras, a fim de que aprenda a temer-me todos os dias que na terra viver e as ensinará a seus filhos"* (Deuteronômio 4.10).

A criação contém predicativos que revelam um Deus bondoso e ela terá uma ação basilar com parâmetros suficientes para o julgamento de todos os povos. *"Porque os atributos invisíveis de Deus, assim o seu eterno poder, como também a sua própria divindade, claramente se reconhecem por meio das coisas que foram criadas. Tais homens são, por isso, indesculpáveis; 21 porquanto, tendo conhecimento de Deus, não o glorificaram como Deus, nem lhe deram graças; antes, se tornaram nulos em seus próprios raciocínios, osbcurecendo-se-lhes o coração insensato"* (Romanos 1.20,21).

Hoje, muitos ritos pagãos são observados pelo mero tradicionalismo, mostrando reverência e medo de uma possível punição se não observados. Entretanto, na futilidade destes ritos, o único resultado é um distanciamento cada vez maior do Deus verdadeiro. Certamente, não haverá desculpas a quem alegar falta de conhecimento de Deus, pois Ele se revela a todas as pessoas em todos os tempos!

REVELAÇÃO ESPECIAL

A pluralidade com que Deus se revela para se dar a conhecer ao homem é intensa. Em várias destas expressões, se utiliza de seus atributos eternos por meios milagrosos. Isso passa pelas teofanias, epifanias, até chegar ao cognoscível: em sonhos, pelo êxtase, visões e elementos da natureza: fogo, fumaça, vento e pomba. Hoje a forma tangível da revelação, sem dúvida, é a Bíblia, que descreve que o homem veio do céus e confirma este desejo intenso do homem de voltar aos céus. Assim, o "Logos Theo" (o verbo encarnado), a "Rhema" (a palavra revelada) discorrem e simplificam, por mais especial que seja esta revelação, para que o homem assimile as informações e leis nela contidas. Esta revelação é uma forma de relacionamento de Deus com os homens. Todos os elementos convergem para a suprema revelação: Jesus, o Cristo! *"Havendo Deus, outrora, falado, muitas vezes e de muitas maneiras, aos pais, pelos profetas, 2 nestes últimos dias, nos falou pelo filho, a quem constituiu herdeiro de todas as coisas, pelo qual também fez o universo"* (Hebreus 1.1,2).

Como já foi comentado anteriormente, os agentes divinos trazem revelação de si mesmos e de outros. Eles atestam por esse meio a veracidade das informações, que assim deixam de ser meras informações para ser a própria Revelação! Pois como saber algo de Deus, se Ele mesmo não se revelar? Na hermenêutica, entendemos, que a Bíblia, pode ser interpretada nas formas:

- Literal;

- Espiritual, e

- Figurada.

Um estudioso, que se vale de sua capacidade intelectual, para perscrutar os caminhos bíblicos, certamente usará o caminho literal para assim o fazer, criando um legalismo exacerbado que contraria a visão espiritual deste conteúdo. Firma uma base sólida, mas somente como mera informação, não conseguindo transcender. Porém, quando o livro sagrado é estudado com espírito desarmado, para buscar revelações, é certo que neste mesmo conteúdo Deus se revela. *"Porque a palavra de Deus é viva, e eficaz, e mais cortante do que qualquer espada de dois gumes, e penetra até ao ponto de dividir alma e espírito, juntas e medulas, e é apta para discernir os pensamentos e propósitos do coração"* (Hebreus 4.12).

Na incredulidade de Tomé, Jesus se revela e permite o toque físico, excluindo qualquer margem de dúvida àquele discípulo! Hoje, na ação permissiva de Deus, muitos têm experimentado algo singular (só dele)! Tal fato serve para atestar a ação testemunhal, quando se afirma: "Isto aconteceu comigo!" Certo é que, em nenhum momento, como filhos de Deus, discordamos de que o Senhor pela infinita sabedoria, usou homens e mulheres em todos os tempos para compor o Cânon Bíblico, não despersonalizando seus autores, dentro de seus estilos , cultura e comprometimento. Por fé, sabemos que é possível receber mensagens e cuidados de Deus, por meio dos agentes angelicais, até o dia de hoje. Tudo isto porque enquanto os céus não se desvendarem por completo sempre haverá mensagens a serem reveladas! *"Porque nunca jamais qualquer profecia foi dada por vontade humana; entretanto, homens [santos] falaram da parte de Deus, movido pelo Espírito Santo"* (II Pedro 1.21).

Impartição Maldita

estudo sobre impartição é muito sério, pois as transferências, quer seja de dons e/ou comissão, têm por objetivo dar continuidade aos propósitos divinos. Assim, o assunto é transcendente, posicionando-se em ordem, priorizando o que é de real importância, enfatizado nos dons ministeriais (Efésios 4.11). E com a mesma seriedade, devemos tratar também as transferências malditas.

São aquelas que os antepassados, por pecado ou inadvertência, impuseram sobre sua linhagem, pois tinham a finalidade de colocar um jugo (ou decretar extermínio) sobre sua família ou nação. A maldição impartida está como um decreto. É exemplificada nas história dos personagens abaixo. Contudo, ela é diferente da chamada maldição hereditária atual, pois aquele que está debaixo desta maldição pode a qualquer momento buscar em Deus a interrupção deste jugo. Em Cristo, somos libertos! *"Cristo nos resgatou da maldição da lei, fazendo-se ele próprio maldição em nosso lugar (porque está escrito: Maldito todo aquele que for pendurado em madeiro) "* (Gálatas 3.13).

Hoje, uma maldição pode estar instalada pelo simples fato de alguém, dentro de uma geração, ter cometido um pecado que abriu a legalidade ao mal. Assim, para a visitação até a quarta geração, dentre os pecados instalados, os mais evidentes são: idolatria, adultério e homicídio (Êxodo 20), e até a décima geração, a bastardia (Deuteronômio 23.2). A dificuldade está quando queremos separar a Lei_da Graça. Se vivermos debaixo da Graça, temos que viver como Cristo viveu, mas quando cometemos pecado ou transgressão, mesmo debaixo da Graça, o que tem direito de agir é a Lei!

Assim plantamos pecado! E queremos colher misericórdia e não juízo! (Gálatas 6.6-10).

CAIM,

~~Para exemplificar, apresentamos a personagem Caim. Este,~~ por desobediência e inveja, tornou-se, segundo a Bíblia, o primeiro homicida. Ele deu cabo da vida de seu próprio irmão Abel (Gênesis 4). Pelo delito e pela sua gravidade, Deus coloca um sinal neste homem e profere a seguinte sentença:*"O Senhor, porém, lhe disse; Assim, qualquer que matar a Caim será vingado sete vezes. E pôs o Senhor um sinal em Caim para que o não ferisse de morte quem quer que o encontrasse"* (Gênesis 4.15). Caim não foi morto, mas sua maldição visitou-o até a sua quarta geração. Há de se ressaltar que os exemplos citados, em termos de maldição, em grande parte, são cumulativos e progressivos. Isto significa que às consequências das falhas do primeiro, somam-se as falhas do segundo. Observemos: Lameque, por sua espontânea confissão, foi homicida (duplo homicídio), e acrescentou a isto a bigamia, mesmo que naquela época isto ainda não estava regulamentado. Porém, o que marca a passagem foi a sentença por ele proferida, multiplicando sua gravidade. *"E disse Lameque às suas esposas: Ada e Zilá, ouvi-me;vós, mulheres de Lameque, escutai o que passo a dizer-vos: Matei um homem porque ele me feriu; e um rapaz porque me pisou. 24 Sete vezes se tomará vingança de Caim, de Lameque, porém, setenta vezes sete"* (Gênesis 4 .23,24).

CAM, um dos filhos de N

~~Passados os anos, temos~~ Noé, homem escolhido, virtuoso, mas que não deixou de cometer um deslize, permitindo a continuidade da perversidade do gênero humano. Não foi homicida e nem bígamo, mas embriagou-se. Neste erro, terminou por proferir maldição à sua terceira geração: *"Despertando Noé do seu vinho, soube o que lhe fizera o filho mais moço 25 e disse: Maldito seja Canaã; seja servo dos servos a seus irmãos"* (Gênesis 9.24,25). O texto que originou tal maldição é: *"Cam, pai de Canaã, vendo a nudez do pai, fê-lo saber fora, a seus dois irmãos"* (Gênesis 9.22) Com clareza, o texto mostra que o filho mais moço viu a nudez do pai, isto é, viu-o despido. Contudo, nudez recebe conotações alusivas a atos sexuais em outras interpretações. *"Não descobrirás a nudez de teu pai e de tua mãe; ela é tua mãe; não lhe descobrirás a nudez"* (Levítico 18.7). Aqui, descobrir a nudez é atentar sexualmente, praticar ato sexual com os seus pais, quer seja de modo consensual ou violento.

As conjecturas, conhecidas no meio teológico, que fomentam a gravidade da maldição, estão contidas nestes termos:

1. Viu a nudez (despido). Nesta interpretação, o que pesou foi a desonra;

2. Atentou contra seu pai. Aqui, interpreta-se que ele praticou ato sexual, aproveitando-se do estado de embriaguez;

3. Atentou contra sua mãe. Neste ponto, supõe-se que a mãe estivesse embriagada também, permitindo tal ato; e

4 Emasculou a seu pai, amarrando seus testículos, como se o ato exibicionista do pai fosse a deixa para tal agressão. Salientamos que o texto tem clareza em sua interpretação, *"vendo a nudez do pai"*, mas quer seja por desonra ou por um ato violento, o que fica é a gravidade da maldição proferida. Pois não foi Cam, o infrator, que recebeu a penalidade, mas seu filho Canaã.

LÓ

O estigma deste personagem certamente está ligado a Sodoma e Gomorra, isto é, à questão da homossexualidade naqueles dias. A situação causava alvoroço, mas não chega a se comparar com o quadro atual. Naquela época, era tão devastadora que foi punida com a extinção total das cidades referidas (Gênesis 19). A~~Se me permite opinar, a~~credito que ao que assistimos nos dias atuais ainda não chegou ao seu ápice e aquilo que nos espera pela frente é algo que os defensores da moral ficarão estarrecidos. Que o Senhor nos proteja a nós, a nossos filhos e netos!

Pela intercessão de Abraão, procurando poupar mais uma vez a vida de Ló, Deus, enviou anjos para resgatar o patriarca e sua família. Os moradores locais, numa degradação total, intentaram abusar dos seres celestiais. Pelo poder sobrenatural de Deus, eles são livrados, bem como é livrada a família deste perigo iminente. A narrativa de Gênesis mostra o desfecho: cidades destruídas! Livres, somente Ló e as duas filhas. A partir daí é que a maldição se instala na família, pois a mente das duas jovens, que viviam no meio da corrupção, estava corrompida e elas tramaram resolver suas pendências pela habilidade própria. Queriam, por assim dizer, evitar a possível interrupção da descendência de seu pai Ló. Embriagaram Ló.

Já foi comentado que a maldição é cumulativa e progressiva. Temos no quadro bíblico do pai e filhas: a manifestação de um deus pagão: Backus ou Bacchus. Em português, Baco, o deus do vinho, da ebriedade, dos excessos regados a orgias sexuais (temos um comentário mais aprofundado no livro *Festas Cristianizadas*, do mesmo autor). Por duas vezes, usaram do mesmo artifício. Com Ló embriagado, elas tiveram relação sexual incestuosa com o pai, uma e depois a outra. Que fique claro: até então não havia a normatização da lei, proibindo o relacionamento incestuoso. Mas, pecado é pecado e pronto! Os atos pecaminosos deram origem a duas nações:~~a. d~~Da primogênita, nasce Moabe, o pai dos moabitas e, ~~b. D~~da segunda filha, nasce Ben-Ami, pai dos amonitas.

Ora, Abraão é o patriarca e somos abençoados pela salvação porque ele recebeu a promessa! Seria de bom tamanho que as filhas de Ló também fossem agradecidas pela intervenção do Patriarca, mas o que aconteceu foi algo bem diferente, pois estas duas nações, originárias do incesto, tornaram-se inimigas constantes de Israel. Interessantemente, nos períodos de opressão advindos das duas nações, há um mesmo tempo: dezoito anos – (Juízes 3.12-14; 10.1-8). A perpetuação das maldições está sempre ligada a uma transgressão ou quebra de aliança. As cidades foram destruídas, mas o sentimento de pecado, visto nas vidas das filhas de Ló, produziu, nas famílias geradas a partir delas, uma perversão espiritual. Foi tamanha esta falha que os objetos oferecidos aos seus deuses: Milcom e Moloque, foram os seus filhos. Uma das representações de Moloque tem em seu ventre um incinerador para receber as ofertas sacrificiais. Fica um alerta para algumas regiões do Brasil, em que se costuma chamar uma criança do sexo masculino de moleque, o que significa filho de Moloque!

Outra situação que pesou muito em Israel foi a ordem bíblica para não se misturarem às nações pagãs. Esta regra não foi obedecida por Salomão, o terceiro Rei de Israel. 1 Reis 14 e II Crônicas 12 mostram que do relacionamento de Salomão com Naamá, a amonita, resultou Reoboão, que em sua marca de governo, teve mentira, poligamia e um coração distante de Deus. Tal fato promoveu a ruptura das tribos de

Israel. Poderíamos nos estender, mostrando outros exemplos de maldição em família, mas o que marca profundamente o estabelecimento de uma maldição, sem dúvida, é a prática idólatra! Isso porque a idolatria é uma servidão a Satanás de forma disfarçada. Muitos estão debaixo desta maldição sem sequer ter o conhecimento disto, mas falta de conhecimento não exime de culpa ou consequências. *"Não as adorarás, nem lhes darás culto; porque eu sou o Senhor, teu Deus, Deus zeloso, que visito a iniquidade dos pais nos filhos até a terceira e quarta geração daqueles que me aborrecem"* (Êxodo 20.5).

A intervenção divina reciclou o gênero humano em Noé, mas o seu pecado e a maldição proferida foram algo desastroso. Isso porque a intenção clara de Deus era que, a partir de Noé, tivéssemos uma história bem diferente da atual na qual estamos envolvidos. Ainda assim sabemos que sempre paira a manifestação da revelação maior para a remissão do ser humano:

• Jesus, o Cristo.

"Não exterminaram os povos, como o Senhor lhes ordenara. 35 Antes, se mesclaram com as nações e lhes aprenderam as obras; 36 deram culto a seus ídolos, os quais se lhes converteram em laço; 37 pois imolaram seus filhos e suas filhas aos demônios 38 e derramaram sangue inocente, o sangue de seus filhos e filhas, que sacrificaram aos ídolos de Canaã; e a terra foi contaminada com sangue" (Salmos 106.34-38).

Logo, somente em Cristo, podemos quebrar qualquer decreto maldito, quer seja no âmbito pessoal, familiar ou nacional. Observando-se a persistência de fatos malditos ou agouros que se manifestem em nossa vidas, mesmo depois de termos confessado Cristo como Senhor absoluto de nossas vidas, o caminho é ainda recorrer a Cristo, pois sua morte e ressurreição nos garantem o livramento de qualquer carga hereditária maldita. *"Cristo nos resgatou da maldição da lei, fazendo-se ele próprio maldição em nosso lugar (porque está escrito: Maldito todo aquele que for pendurado em madeiro),14Para que a bênção de Abraão chegasse aos gentios, em Jesus Cristo, a fim de que recebêssemos, pela fé, o Espírito prometido"* (Gálatas 3.13,14). Lembrando que um dos ardis do maligno é o sofisma, portanto sempre devemos perscrutar, investigar, por menor que seja qualquer resquício de maldição instalada em nossa vida. De repente, seu problema não é culpa sua, mas é a manifestação da penalidade dos erros de alguém que, por herança familiar com autoridade investida, decretou tal maldição!

Impartição dos Dons Ministeriais

as páginas iniciais, exemplificando, expressamos que as unções e autoridades deveriam ~~tomar~~ apntar para um único caminho: a convergência a Cristo Jesus.

Quer seja o sacerdócio ou o governo, utilizando-se de uma força centrípeta, tudo deveria direcionar para o templo ou Jesus Cristo, mistérios que só por revelação divina conseguimos compreender. *"Perguntaram-lhe, pois os judeus: Que sinal nos mostras, para fazeres estas coisas?19 Jesus lhes respondeu: Destruí este santuário, e em três dias o reconstruirei.20 Replicaram os judeus: Em quarenta e seis anos foi edificado este santuário, e tu, em três dias, o levantarás?21 Ele, porém, se referia ao santuário do seu corpo.22 Quando, pois Jesus ressuscitou dentre os mortos, lembraram-se os seus discípulos de que ele dissera isto; e creram na Escritura e na palavra de Jesus"* (João 2.18-22). Consumada a ressurreição, o que move os mistérios do Senhor agora é a força centrífuga. Aos impartidos cabe, com a maior velocidade possível, ir o mais longe que nos for permitido. A captação das forças e autoridades espirituais estão em Cristo, com um propósito claro: de que toda autoridade estivesse nele, conforme Mateus 28.18.

Este processo teve como objetivo maior encerrar o ofício dos sacrifícios dos sacerdotes no templo. Isto porque cabia ao sacerdote oferecer os sacrifícios, instituídos conforme a lei, para a remissão da culpa. Quando oferecido dentro do padrão exigido, as respostas de Deus lhes eram favoráveis, recebendo como sentença final: Cheiro de Aroma Suave e Agradável!

Agora, Jesus é o sumo sacerdote e sabemos que um dos ofícios de sacerdote é oferecer sacrifícios. O que se espera que ele ofereça ao Pai? No passado, não eram aceitáveis sacrifícios deficientes, tinham que ser perfeitos. *"Falou mais o Senhor a Moisés, dizendo:Fala a Arão, e a seus filhos, e a todos os filhos de de Israel,–_–e dize-lhes: Qualquer que, da casa de Israel, ou dos estrangeiros em Israel, oferecer a sua oferta, quer dos seus votos, quer das suas ofertas voluntárias, que oferecerem ao Senhor em holocausto, segundo a sua vontade, oferecerá macho sem defeito, ou dos bois, ou dos cordeiros, ou das cabras. Nenhuma coisa em que haja defeito oferecereis, porque não seria aceita em vosso favor. E, quando alguém oferecer sacrifício pacífico ao Senhor, separando dos bois ou das ovelhas um voto, ou oferta voluntária, sem defeito será, para que seja aceito; nenhum defeito haverá nele. O cego, ou quebrado, ou aleijado, o verrugoso, ou sarnoso, ou de impigens, estes não oferecereis ao Senhor, e deles não poreis oferta queimada ao Senhor sobre o altar. Porém boi, ou gado miúdo, comprido ou curto de membros, poderás oferecer por oferta voluntária, mas por voto não será aceito. O Machucado, ou miúdo, ou despedaçado, ou cortado, não oferecereis ao Senhor; não fareis isto na vossa terra. Também da mão do estrangeiro nenhum alimento oferecereis ao vosso Deus, de todas estas coisas, pois a sua corrupção está nelas; defeito nelas há; não serão aceitas em vosso favor"* (Levítico 22.17-25).

No Novo Testamento, o sacrifício também deve ser perfeito. Diferentemente do VT, em que a escolha era de um animal perfeito; no NT, o sacrifício deve ser levado a um estado de perfeição, logo o objeto a ser sacrificado é escolhido ainda num estado de imperfeição. E o que deve ser oferecido? Todos os que foram comprados pelo sangue de Cristo.

Portanto, devemos estar sem defeito, sem mancha. Assim os dons ministeriais têm como meta nos aperfeiçoar, nos capacitar, nos preparar para sermos o sacrifício exigido pelo Pai! Porque no exame que o Sacerdote fazia no passado, havia o objetivo de observar a perfeição no animal a ser oferecido. Enquanto que no presente, o sacerdócio de Cristo tem como objetivo levar ao estado de perfeição do sacrifício a ser oferecido. Este estado de aperfeiçoamento encontra-se na obra *Ordem Da Salvação*. O processo é assim descrito: presciência ou predestinação, chamada, fé, arrependimento, justificação, regeneração, adoção, perseverança, mortificação, santificação e glorificação. Conceitos implícitos no plano da salvação (no livro *Ordem Da Salvação*, este autor discorre especificamente sobre todos os conceitos).

Remontando ao passado, não havia outra forma de ter seus pecados remidos, se não fosse pelo derramamento de sangue de um animal. Os personagens da redenção, portanto, eram:

- O Sacerdote, que imolava o sacrifício;

- O sacrifício sem defeito, e

- O pecador, que deveria segurar no sacrifício e observar o ato em si, para que tivesse no mínimo um sentimento de arrependimento, por saber que um animal estava em sacrifício pelo seus pecados. " *E porá a sua mão sobre a cabeça do holocausto, para que seja aceito por ele, para a sua expiação*" (Levítico1.4).

"SACRIFÍCIO", literalmente, significa ofício sagrado, oblação, oferenda e/ou oferta feita à divindade, renúncia voluntária ou forçada a algo que se possui. Isto posto, no Novo Testamento, o sacrifício substituto é " Jesus, o Cristo" – Cordeiro de Deus que tira o pecado do mundo (João 1.29). Ele é o Sacerdote, o próprio, segundo a ordem de Melquisedeque

(Hebreus 7.17), porém este sacrifício não é unilateral, pois o segundo sacrifício a ser oferecido é o ser humano, que aceita a mensagem desta salvação e se sujeita a oferecer seu corpo como oferta viva.

Que fique bem claro, o Único sacrificio é *"Jesus"*!!! Assim a remissão é recebida pelo sacrifício de Cristo, porém fica sem efeito se não houver o reconhecimento do gênero humano deste sacrifício, que recebe o aperfeiçoamento, submetendo-se a este novo senhorio. *"Rogo-vos, pois, irmão, pela compaixão de Deus, que apresenteis os **vossos corpos em sacrifício vivo,** santo e agradável a Deus, que é o vosso culto racional"* (Romanos 12.1, g/ Grifo do autor).

Impartição Pelo Espírito Santo

Sabemos que as pessoas envolvidas na tri unidade celestial têm seus atributos. O Pai, O Filho e O Espírito Santo sempre agem em comum acordo. Porém, anteriormente a ser atribuição do Espírito Santo a impartição de dons, tanto espirituais como ministeriais, Jesus, em seu ministério terreno impartiu, mesmo que de forma temporária, dons espirituais como, por exemplo: cura, expulsão de demônios. Naquele contexto, já os impartidos ficaram maravilhados pelos resultados obtidos:

"E voltaram os setenta, com alegria, dizendo: Senhor, pelo teu nome, até os demônios se nos sujeitam" (Lucas 10. 17).

Nós, seres humanos, sempre queremos dar um jeitinho. ~~Ma nas coisas, seja por egoísmo, por favorecimento, enfim se dê a razão que quiser, mas~~ nas hierarquias celestiais tudo tem seu tempo e ordem assim como a sua comissão. Jesus havia conquistado todos os direitos, como foi exposto nos capítulos anteriores deste material. Contudo, para que o Espírito Santo viesse a ser o agente impartidor de dons e ministério, lhe deveria ser outorgado tal direito e que ficasse evidente: agora o responsável pelo ministério terreno seria este mesmo Espírito. Assim, Jesus autoriza e imparte este Espírito aos escolhidos, para que então o ministério específico flua. *"Disse-lhes, pois, Jesus outra vez: Paz seja convosco! Assim como o Pai me enviou, também eu vos envio a vós. E, havendo dito isso, assoprou sobre eles e disse-lhes: Recebei o Espírito Santo"* (João 20.21,22). Logo, Jesus deixa de ser o mensageiro para ser a mensagem.

Neste evento, há uma singularidade, pois a impartição foi algo restrito aos discípulos ali reunidos, não havendo portanto uma manifestação sobrenatural. No entanto, depois dos 50 dias de sua ressurreição, aí sim a manifestação foi vista e sentida por muitos. Várias pessoas têm questionado quanto à efetiva impartição ou transferência de Jesus para o Espírito Santo. Alguns acreditam que se deu na ressurreição de Jesus, outros na passagem acima citada e, por fim, na experiência visível de atos 2. Acredito, porém, que que este fato seja de ~~pequena monta ou de nenhuma~~ pouca relevância, ~~para a autoridade agora delegada ao Espírito Santo.~~

Dons Espirituais

a descida do Espírito Santo, a evidência desta impartição aconteceu pela manifestação de dons espirituais, que geroua a capacitação e impulsão de Pedro para responder sobre os acontecimentos presenciados naquele momento. Isso, por sua vez, já dá uma diretriz do que viria a ser o dom do ministério evangelístico. *"E todos foram cheios do Espírito Santo e começaram a falar em outras línguas, conforme o Espírito Santo lhes concedia que falassem"* (Atos 2.4). *"Ouvindo eles isto, compungiram-se em seu coração e perguntaram a Pedro e aos demais apóstolos: 'Que faremos, varões irmãos?' "E disse-lhes Pedro: Arrependei-vos, e cada um de vós seja batizado em nome de Jesus Cristo para perdão dos pecados, e recebereis o dom do Espírito Santo"* (Atos 2.37,38).

Depois disto, os apóstolos e todos os que se convertiam impartiram dons sobre novos convertidos e isto vemos por todo o NT, sem distinção.

Ministérios

"*E ele mesmo concedeu uns para apóstolos, outros para profetas, outros para evangelistas e outros para pastores e mestres, com vistas ao aperfeiçoamento dos santos para desempenho do seu serviço, para a edificação do corpo de Cristo*" (Efésios 4.10,11). Há dias não distantes, alguém disse que dom de ministérios não existe. Minha surpresa se deu por causa da fonte que produziu esta afirmação! Uma das prerrogativas usadas é que certas manifestações e habilidades se encerraram com a morte de quem as possuía. Pelo Cânon bíblico, em morrendo João, encerrou-se o seu apostolado e o dom profético. Como consequência, as manifestações dos dons espirituais ali cessaram. Não se pode mais ter os dons espirituais, pensam.

Esta ideia obviamente é rechaçada pelas linhas pentecostais, pois tais manifestações são vistas e sentidas com evidências incontestes, mesmo nos dias atuais. O assunto fica mais interessante ainda quando os mesmos que alegam não existir dons ministeriais, de apóstolos e mestres, pegam a mesma palavra para ratificar a autoridade que exercem, como por exemplo, nos ministérios pastorais. Vejo e percebo uma campanha ferrenha para desautorizar e desqualificar apóstolos, mestres e também a figura feminina que exerce quaisquer destes dons. Não há dúvidas de que um profeta no VT tem suas características peculiares, assim como no tempo de Jesus.

Hoje, contudo, temos também profetas com uma linha um pouco diferente, por isso temos que compreender o que é:

- O exercício de um ministério, e
- A função de um ministério.

A ênfase do versículo citado (acima) traz consigo que os ministérios elencados têm por objetivos do:

• A~~a~~perfeiçoamento dos santos, treinar e equipar.

• ~~Treinar, e~~
• ~~Equipar.~~

Este processo produz, por fim, a edificação do Corpo de Cristo.

A falta de compreensão de muitos está no sentido de serem incapazes de perceber em que momento se caracteriza a atuação de um dom, se este é dom espiritual ou de ministério. O que me parece é que há alguns que desenvolveram o dom do Espírito específico e acham que estão fluindo no dom de ministério. Algo importante, que é ainda obscuro para as igrejas, é a identificação do dom da própria igreja. Em qual dom o Senhor a tem chamado?

Explicando: *"No início de meu ministério, nos anos 90, fui ministrar em uma pequena cidade. As características do ministério daquela igreja era cura e libertação! Transferido para outro estado e igreja, a atuação da igreja passou a ser ensino! Em outra, logo a seguir, foi a oração. Compreendi que não só o pastor, mas a igreja, ambos são estabelecidos para cumprir com um objetivo espiritual, na região de seu estabelecimento"*. Conseguindo entender chamado e dom, não ficaremos frustrados pelo resultado obtido, comparado com os que vêm atrás, como se seus resultados fossem melhores do que aqueles que chegaram primeiro.

O Exercício do Ministério Apostólico

póstolo ~~(o enviado). Esta palavra~~ denota a representação de uma pessoa que foi ~~mandada~~enviada. Assim, o significado prende-se a um destes significados ~~(ou mesmo, todos)~~: enviado, delegado, um mensageiro e/ou embaixador. _O termo vem do grego "aquele que é mandado para longe".

Inicialmente~~,~~ os ~~Apóstolos~~ apóstolos tinham a incumbência da propagação do evangelho. Porém, em Paulo, por exemplo, um ~~Apóstolo~~ apóstolo chamado por Jesus, mas que não andou com Ele, já vemos a implantação de igrejas como um marco em seu ministério. Hoje, o ~~Apóstolo~~ apóstolo tem que possuir uma liderança cristã, que notadamente reflita a autoridade de Cristo na terra. Na sua excepcionalidade, ele ainda estabelece igrejas, baliza seus alicerces e direciona ensinos e capacitação de outros, conforme a necessidade da igreja ou denominação. Sempre deve fluir em outros dons, quer seja profético, evangelístico, pastoral ou mestral. Portanto, percebe-se um Apóstolo pelo testemunho que dá de seu ministério, ou seja, é implantador de igrejas, é profeta, é mestre. Se só prega a palavra e não tem algo que acompanhe seu testemunho, pode ter título de apóstolo, mas certamente não o é!

No tempo presente, temos uma definição dos chamados apóstolos do ministério dos últimos dias. Eles podem ser~~são~~ chamados de:

Apóstolos de convocação – seu trabalho se caracteriza pela aproximação de outros apóstolos a um chamado comum;

1.

Apóstolos embaixadores – sua abrangência é ampla, responsáveis pela difusão da visão apostólica, no sentido mais itinerante, rompendo fronteiras;

2.

Apóstolos de mobilização – agem dentro de uma visão especifica, fazendo com que o corpo de Cristo seja mobilizado ao fim comum e, finalmente,]

3.

1.4. Apóstolos territoriais – são apóstolos com uma autoridade regional, reconhecidos e respeitados como apóstolos para um objetivo específico. Exemplos: Pastoral e/ou Mestre.

A Função do Ministério Apostólico

S e pudéssemos hierarquizar os chamados dons de ministério, o primeiro seria o APÓOSTÓOLICO, pela sua importância e facilidade de fluir em outros ministérios e por ser o primeiro dom na lista de Efésios. Sabemos que a Palavra nos revela que esta é a última geração, portanto temos as últimas recomendações e preparações para o estabelecimento do reino de Deus. Estas ações são concretizadas através da sua mais competente linha de comandantes e combatentes, descrita como Ordem Apostólica.

A unção de um Apóstolo dos tempos do fim é peculiar, pois uma revelação é descortinada à igreja atual, liberando uma autoridade sem precedentes, na fé e visão, em uma ação basilar, que está reconstruindo a igreja, tirando o sentido religioso, para o verdadeiro propósito ao qual a igreja foi instituída: Ser ~~Ela~~ "CRISTOCÊNTRICA".

Juízo e justiça de Deus, bem como a sua misericórdia e compaixão, são expostos aos ouvintes, pois quer seja na ira ou na misericórdia, sua autoridade dever ser representativa, isto é, deve agir como o Pai agiria. Que assim, de posse das informações, tais ouvintes possam decidir sobre o que querem para suas vidas, igrejas e ministérios. Agem como intercessores, estabelecem líderes, fortalecem os cristãos e difundem a doutrina de Cristo à sua igreja amada. Disciplinam e trazem ordem aos movimentos que têm a aprovação de Cristo, combatem os falsos sistemas religiosos e os legalismos, confrontam seus mestres, expondo os pecados da igreja, levando-as a confessá-los. E impartem, dentro da necessidade da igreja ou ministérios, os dons que são necessários àquele chamado ou visão. São estrategistas, pois mobilizam a igreja para a batalha espiritual, na qual todos nós, cristãos, estamos envolvidos. Comprovam a Paternidade de Deus, mostrando nossa identidade, filiação e segurança que devemos ter em Deus Pai. *"E perseveravam na doutrina dos apóstolos, e na comunhão, e no partir do pão, e nas orações. E em toda a alma havia temor, e muitas maravilhas e sinais se faziam pelos apóstolos"* (Atos 2.42,43).

Função do Ministério Profético

No início, quando escrevi sobre o governo teocrático, mencionei que o Senhor usou "Samuel" como seu representante aqui na terra, portanto, temos nesta figura uma forma organizada e ativa de comunicação entre Deus e o homem. Observemos:

PROFECIA

Do hebraico "massa", traduzido por "ORÁCULO". Aqui a temos, primeiro, como sendo a mensagem ou resposta dada por meio de um intermediário humano. Por sua vez, este intermediário recebe o nome de profeta, do hebraico chozeh, que significa vidente. Ainda no Antigo Testamento, outra tradução para profeta é "denabi", sua significação é ferver em paixão ou aquele que ferve com a inspiração ou mensagem divina, aquele a quem foi confiada uma revelação ou missão.

VISÃO

Termo empregado na Bíblia no sentido de uma manifestação: ou por sonho ou de outra maneira, pela qual vem ao homem uma mensagem divina. Tal aptidão sempre se revela por um estado sobrenatural das faculdades sensitivas, intelectuais e morais, fatos estes que tornaram vivas realidades os profetas. Inclusive, a Bíblia os descreve como tais, sobrenaturais. Por esta razão, as predições proféticas se chamam muitas vezes de visões, isto é: "coisas vistas", dando-se aos profetas o nome de videntes (heb: chozeh). *"Eles dizem aos videntes: Não tenhais visões; e aos profetas: Não profetizeis para nós o que é reto; dizei-nos coisas aprazíveis, profetizai-nos ilusões"* Isaías 30.10. *"E ele disse: Não temas; porque mais são os que estão conosco do que os que estão com eles. E orou Eliseu, e disse: Senhor peço-te que lhe abras os olhos, para que veja. E o Senhor abriu os olhos do moço, e viu; e eis que o monte estava cheio de cavalos e carros de fogo, em redor de Eliseu"* (II Reis 6.16,17). Nisto, entendemos que o exercício do dom profético acontece quando alguém, quer seja profeta ou qualquer outro vaso que o ~~senhor~~ Senhor queira usar, é tomado pelo espírito de manifestação ou revelação de Deus, seja pelo Pai, Filho ou Espírito Santo. Isso visa a tornar conhecidas aos seus servos: informações, ações ou orientações celestiais, para filhos ou ministérios. ...*"Certamente, o Senhor Deus não fará coisa alguma, sem ter revelado o seu segredo aos seus servos, os profetas"* (Amós 3.7).

Exercício do Ministério Dom Profético

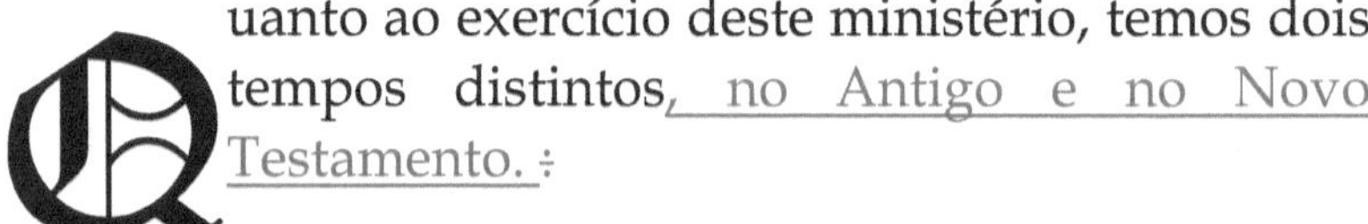

uanto ao exercício deste ministério, temos dois tempos distintos, no Antigo e no Novo Testamento.

~~Velho Testamento~~

No AT, nós temos o profeta como ofício, assim descrito: profeta Samuel, representante teocrático. Isaías, Jeremias, por exemplo, foram constituídos profetas, desde os seus chamados até suas mortes. Outros, como os profetas menores, foram profetas em ações, intervenções e revelações específicas, mas sempre como oráculos, sendo assim considerados receptáculos das mensagens celestiais. *"Suscitar-lhes-ei um profeta do meio de seus irmãos, semelhante a ti, em cuja boca porei as minhas palavras, e ele lhes falará tudo o que eu lhe ordenar"* (Deuteronômio 18.18). Como ainda não eram conhecidas as outras pessoas da tri unidade, ficava subentendido que as palavras dos profetas eram palavras diretas de Deus, não precisando de nenhuma manifestação sobrenatural ou êxtase do profeta.

Estes ofícios estão encerrados em Jesus, como Ele mesmo fala: *"A Lei e os Profetas duraram até João. Desde então, é anunciado o Reino de Deus, e todo homem emprega força para entrar nele"* (Lucas 16.16). No Velho Testamento, as profecias convergiam para a manifestação visível do Filho de Deus: "Jesus", o Cristo. Das profecias de Joel, os conceitos estão evidentes até hoje, pois quando alguém sonha, tem visões ou fala noutras línguas, chamadas de línguas estranhas (ditas espirituais) estas são suas evidências! Joel 2. Temos também em Daniel profecias que se fundem no passado, bem como apontam ainda para um futuro que não alcançamos (Daniel 10.14, 12.8.9).

No Novo Testamento, ~~Hoje,~~ profeta é todo aquele em que se manifeste o dom da profecia. Assim, pode-se dizer que é ~~o~~ a pessoa ~~vaso~~ que tem em sua vida um grande número de manifestações do dom da profecia: quer seja pelo dom de conhecimento e ciência ou de sabedoria. Pode-se manifestar tal dom na vida de um Apóstolo, Evangelista, Pastor ou Mestre e até mesmo de uma pessoa em que não se reconhece nenhum dom ministerial, mas exerce o dom de profecia, algumas vezes descrita como dom de revelação. O que segue no sentido da profecia é que ela continua a ser a palavra de Deus, mas tem-se a liberdade de ser julgada a luz da mesma palavra revelada ou inspirada: a Bíblia. O dom da profecia tem sua superioridade descrita em 1 Coríntios. Ela, quando expressada, tem por objetivo alcançar um tripé:

- EDIFICAR;
- EXORTAR e
- CONSOLAR.

Isto ratifica o propósito dos dons ministeriais, descritos em Efésios 4.11-13. ~~Agora, no~~No Novo Testamento, vemos a manifestação da palavra profetizada pelo ~~Profeta~~ profeta Joel. Como em Atos, o aApóstolo Pedro se refere ao fato, dizendo que nos é oportunizado recebermos o Espírito da Profecia e sua palavra Profética (Joel 2.28-32). *"Não extingais o Espírito; não desprezeis as profecias, mas ponde tudo à prova. Retende o que é bom"* (1 Tessalonicenses 5.19-21).

Evidentemente, todo Exercício Profético não pode passar a barreira do que já está escrito, pois não existe permissão alguma para se acrescentar mais nada ao texto sagrado. Isso porque início, meio e fim já estão revelados. Logo, o que nos vem como profecia tem que estar dentro da Ppalavra, pois quem alegar que Deus está dando uma nova palavra (adição ou subtração da verdade revelada) erra e comete pecado, e se faz anátema (maldito).

CComo entender a profecia e seu contexto corretos? Há dois exemplos na Palavra: Ágabo e Paulo.

•Exemplo 01 -

~~Um homem de Deus chamado~~ Ágabo profetizou um tempo difícil. *"E, apresentando-se um deles, chamado Ágabo, dava a entender, pelo Espírito, que estava para vir grande fome por todo o mundo, a qual sobreveio nos dias de Cláudio"* (Atos 11.28). Esta profecia permitiu uma tomada de decisão dos apóstolos. Então, quando o Senhor permite uma palavra profética com o intuito de alertar aos seus quanto aos tempos e às estações, esta palavra está inserida nos atos permissivos do Senhor quanto à antecipação de acontecimentos futuros.

•————————————————————————Exemplo 02 -

O apóstolo Paulo prevê seu martírio. *"Quanto a mim, estou sendo já oferecido por libação, e o tempo da minha partida é chegado"* (II Timóteo 4.6). Sua iminente partida traz nesta revelação, não um ato de comiseração, mas de encorajamento, principalmente a quem a carta era endereçada. Inclusive, ele narrou fatos que vieram a ser como foram descritos.

Hoje, dentro do tripé: edificar, exortar e consolar, a profecia tem que ter um endereço. Porém o que vemos é um amontoado de infantilidades, pois alguns líderes creditam a sua fala a uma autoridade que se sobrepõe à autoridade divina. Outros, na alegação que é Deus falando, usam jargões como: "Eis que te digo, servo". Transferindo, autenticando a palavra como se fora o próprio Deus falando.

As mais comuns, dentro deste contexto, são:

"~~Estou~~ estou vendo o anjo te dar uma chave";

"~~Estou~~ estou vendo o anjo te dar uma espada";

"~~Estou~~ estou vendo uma porta aberta". E por aí vai...

O que quero explicar é que, em muitos casos, estas expressões são uma forma de forçar a barra para autenticar sua autoridade profética. Quando o Senhor permite ao profeta uma revelação, ela deve conter riquezas de detalhes, pois ele não é Deus de confusão, portanto tem como objetivo levar a pessoa ou ministério a entender que o Pai está no negócio.

Um exemplo, ~~e:~~

~~E~~m meio à ~~coalizão~~ conferência apostólica, num tempo não distante, foi mostrado a um profeta americano que o Brasil descobriria uma grande fonte de riquezas. De fato, alguns anos depois descobriu-se no Brasil a ~~Fato: A descoberta da~~ Camada do Pré-sal, com petróleo em grande quantidade.

Outro exemplo. ~~:~~

Houve, também recentemente, uma antevisão profética da execução de juízos sobre o Brasil: "*A fossa do Brasil será Aberta*". O fato foi comprovado pelo desvendamento do Mensalão, do Petrolão e do maior esquema de corrupção do Brasil. Verdades reveladas por Deus.

Assim, uma palavra profética pode vir como uma ação motivadora, norteando um caminho, bem como ela pode vir para preparar o caminho do juízo.

No ~~Apóstolo~~ apóstolo profeta, a revelação tem em si uma amplitude maior~~;~~ visa ~~a~~ alcançar, de forma estratégica, planos, projetos e ações no âmbito internacional, nacional e regional. Um ~~Apóstolo~~apóstolo, com palavra profética, facilmente é reconhecido.

No ~~Evangelista~~ evangelista profeta, existe uma direção do que deve ser falado, pois o Senhor conhece o coração e a necessidade do ouvinte. Logo, a revelação não é para o evangelista e sim para a pessoa a quem Ele a direciona.

No ~~Pastor~~ pastor profeta, a palavra tem o seguinte alcance: administração, consolo e motivação dos fiéis.

No ~~Mestre~~ mestre profeta, sua função é esmiuçar e promover clareza e compreensão da palavra, corrigir as distorções, escancarar e colocar na luz aquilo que age pelas trevas, balizar em coerência o que procede de Deus.

Isto posto, o ministério profético está intrinsecamente ligado com o momento que se está vivendo, pois se o momento for de estabelecimento, o profético se manifestará com o intuito de direção no que deve se estabelecer, quer seja pessoal ou coletivo. Outrossim, se o momento for de aflição, o profético agirá no intuito de consolo e motivação. Se houver falta de conhecimento, o profético agirá no sentido de desvendar as verdades necessárias para sair da ignorância espiritual. Como no passado, Deus, pelo Espírito Santo, pode trazer uma palavra profética por etapas, mostrando o começo e o fim, porém trabalhando de forma profética na etapa do meio, promovendo intervenções para que aquilo que foi profetizado alcance seu objetivo. Exemplo clássico: o ~~Apóstolo~~ apóstolo Paulo ~~— a partir de seu chamado, no desenvolvimento de seu ministério e no seu fim. Paulo~~ estava sempre ciente de todo o seu caminhar.

~~Relato do autor~~

Eu participei, certa vez, de um evento, onde se falava sobre o profético. A preletora ensinava que o Senhor pode trazer uma profecia sobre uma visão. Logo, ela propôs um exercício prático. Próximo de alguém, a visão que tivesse deveria ser relatada. Eu estava ao lado de um casal, me veio a visualização de um caminhão azul e sua marca. Falei para o casal: "Vejo um caminhão, isto diz alguma coisa?" O homem começou a chorar e a mulher relatou que o marido era caminhoneiro e agora ele estava orando para o Senhor lhe dar um caminhão para sair a evangelizar. Este homem entendeu como uma resposta à sua oração. De minha parte, o que vi foi só o caminhão, não coube interpretação, mas a pessoa que recebeu interpretou e aceitou.

Num segundo evento, fui convidado a participar de um culto numa igreja, e ali levado a orar por um irmão amigo. De forma intuitiva, disse a ele: "*Um tempo, dois tempos*!" O que significava isto? Bom, este amigo trabalhava numa empresa de telefonia. Em pouco tempo, ele foi transferido para uma capital. Em outra transferência, vai para outra capital, permanecendo um pouco de tempo, para ser transferido para a primeira capital novamente. É claro, compreendemos a profecia: "Um tempo, dois tempos", certo?... Errado!

Poucos dias depois, ele foi demitido e passou por um tempo muito difícil. Acontece que, na demissão, a empresa queria fazer uma reestruturação na administração, mudando o quadro das cabeças pensantes, só que o resultado esperado não chegou. O que levou a empresa a recontratar alguns bons gerentes. E este meu irmão amigo estava entre eles. Quando então compreendemos o sentido da profecia: "Um tempo, dois tempos!"

Fica assim entendido: quando o profeta tem uma palavra de Deus a ser transmitida, deve fazê-lo. O problema está no filtro desta profecia. Se junto com a profecia, o profeta quiser elucidar ou opinar, pode mudar todo o sentido da profecia.

Conclusão: o ~~são: o~~ dom de Ministério profético é o exercício profético, quer como dom de profecia, ministração da palavra revelada, predições anunciadas, com o intuito de alertar sobre acontecimentos futuros que estão por se cumprir.

Sobre o assunto em questão, inclusive, o ~~Apóstolo~~ apóstolo Pedro enfatizou que nenhuma profecia da ~~E~~escritura, tem origem na figura humana. Apontou para Deus, como o responsável por toda a palavra, usando sim seus oráculos e videntes, movidos pelo Espírito Santo. *"Sabendo, primeiramente, isto; que nenhuma profecia da Escritura provém de particular elucidação; porque nunca jamais qualquer profecia foi dada por vontade humana; entretanto, homens [santos] falaram da parte de Deus, movidos pelo Espírito Santo"* (II Pedro 1.20,21). *"...Adora a Deus, pois o Testemunho de Jesus é o espírito da profecia"* (Apocalipse 19.10b). *"Eu, a todo aquele que ouve as palavras da profecia deste livro, testifico: Se alguém lhes fizer qualquer acréscimo, Deus lhe acrescentará os flagelos escritos neste livro; e, se alguém tirar qualquer coisa das palavras do livro desta profecia, Deus tirará a sua parte da árvore da vida, da cidade santa e das coisas que se acham escritas neste livro"* (Apocalipse 22.18,19).

A Função do Evangelista

a linha ministerial de Efésios 4.11, o ~~Evangelista~~ evangelista é o terceiro listado. A palavra significa "~~Anunciador~~ anunciador ~~De~~ de ~~b~~Boas ~~n~~Novas" do grego "~~e~~Evaggelistas". Assim como o termo ~~Pastor~~pastor, ~~Evangelista~~ evangelista tem pouca citação bíblica, pois a palavra está ligada ao verbo "Pregar" e seu substantivo "Evangelho".

Logo, o dom de evan~~Dom de Evan~~gelista está na pessoa que tem uma habilidade especial no anúncio das boas novas, isto é: "O Evangelho de Cristo". Biblicamente, quem recebeu a nomenclatura de ~~Evangelista~~ evangelista foi Felipe (Atos 21.8). Assim, evangelista tem um ofício específico, que é pregar o evangelho aos não cristãos. Portanto qualquer que conhecer Jesus e transmitir sua mensagem a alguém, neste momento, é um ~~Evangelista~~evangelista.

O Exercício do Dom de Evangelista

ste ministério é evidente em alguns servos que se destacam pela facilidade com que expõem o evangelho. Para tanto, quase em sua totalidade, carregam em si um título chamativo: ~~Missionário~~missionário, ~~Apóstolo~~ apóstolo ou ~~Bispo~~bispo. Enfim, sua identificação pressupõe que seu título o respalda a ser um anunciador, diferentemente dos outros servos. O ~~Evangelista~~ evangelista é uma ponta de lança, o que chega primeiro, o que abre caminhos, que anuncia a primeira mensagem, mas não é absoluto em si mesmo, pois a característica principal deste dom é a brevidade de seu ministério em um local.

Quando encontramos um evangelista autossuficiente, certamente ele deixará uma lacuna no amadurecimento dos recém-chegados ao evangelho, pois a exposição do evangelho nos leva a uma interdependência de ministérios. O novo convertido, evidentemente, carece do acompanhamento do ~~Pastor~~ pastor e do ~~Mestre~~ mestre. Se isto não acontecer, o resultado será: a porta do fundo da igreja será do tamanho, ou maior, que a porta da frente!

Com frequência também, no ~~Evangelista~~ evangelista, vemos a manifestação dos dons espirituais, pois a Bíblia, assim alerta: a exposição do evangelho tem de ser seguida de prodígios e maravilhas. *"E disse-lhes; Ide por todo o mundo, pregai o evangelho a toda a criatura. 16 Quem crer e for batizado será salvo; mas quem não crer será condenado. 17E estes sinais seguirão aos que crerem: em, meu nome, expulsarão demônios; falarão novas línguas; 18 pegarão nas serpentes; e se beberem alguma coisa mortífera, não lhes fará dano algum; e imporão as mãos sobre os enfermos e os curarão"* (Marcos 16.15-18).

Numa ação divergente, que não interfere em nada no sentido do uso do ~~Dom~~ dom, a teologia sistemática se inquieta quanto ao ~~Evangelista~~ evangelista ser um oficial extraordinário, como são ~~Apóstolos~~ apóstolos e ~~Profetas~~ profetas, pois nos ofícios ordinários não consta o ofício ~~Evangelista~~ evangelista. O que vemos, normalmente, é o ~~Evangelista~~ evangelista estar ligado a uma ação missionária, portanto se o servo age como missionário, por vontade própria ou por comissão, ele é um ~~Evangelista~~evangelista! De igual forma, o evangelista tem que dar testemunho de seu dom. Os resultados que se esperam de um ~~Evangelista~~evangelista:

"~~SÃO~~ VIDAS ~~RENDIDAS~~ SALVAS ~~AO SENHOR!~~"

Há divergências quanto a este ofício ou mesmo em relação ao governo da igreja, se deve ou não ser incluído o título de evangelista. O que nos aponta para identificar uma possível categorização deste ofício é o que a Bíblia o identifica, nomeando três formas de evangelistas: voluntário, autorizado, e, ordenado. Compreendamos estas formas. ~~. Eis a descrição:~~

~~• O Voluntário~~

•O evangelista voluntário, ~~q~~Quer seja por ação circunstancial, ou iniciativa própria, ~~, por livre ação, ele~~ aproveita todas as oportunidades para expor o Evangelho. *"Mas os que andavam dispersos iam por toda parte anunciando a palavra. ~~5~~E, descendo Felipe à cidade de Samaria, lhes pregava a Cristo. ~~6~~E as multidões unanimemente prestavam atenção ao que Filipe dizia, porque ouviam e viam os sinais que ele fazia"* (Atos 8.4-6).

•O evangelista ~~a~~Autorizado é uma categoria encontrada nas funções de ap

•~~Neste, encontramos Apóó~~stolos, ~~Pastores~~pastores e ~~Mestres~~mestres, oficiando como evangelistas, pois não **são** evangelistas, **estão** como tal. Isso porque há, por trás do evangelismo, um projeto celestial específico. Assim, estes servos estão autorizados a atuar com o dom de ministério de evangelista. Exemplo: Paulo com Timóteo. *"Mas tu sê sóbrio em tudo, sofre as aflições, faze a obra de um evangelista, cumpre o teu ministério"* (II Timóteo 4.5). Paulo não chama Timóteo para *oficiar* como evangelista, mas para *realizar* o trabalho de um evangelista.

•Já o evangelista o~~E o O~~rdenado é aquele reconhecido pela Igreja como tal e que exerce em sua plenitude o exercício do dom

~~Aqui, a dificuldade é reconhecer ou identificar apenas por um título o evangelista ou percebê-lo como dom de um ministério, pois poucos se identificam com tal título e, por vezes, os que assim o fazem não o são.~~ Mas o evangelista está ~~aí, sendo o terceiro na lista ministerial. Neste caso,~~É fica mais fácil reconhecer o evangelista pelo resultado de seu trabalho. Ele é:

É ~~um~~um saqueador do~~s~~ inferno~~s~~ e um !

~~É um~~ povoador dos céus!

É um Evangelista no sentido amplo da Palavra!~~...~~

~~"Por cujo motivo te lembro que despertes o dom de Deus que existe em ti pela imposição das minhas mãos.7Porque Deus não nos deu o espírito de temor, mas de fortaleza, e de amor, e de moderação.8Portanto, não te envergonhes do testemunho de nosso Senhor, nem de mim, que sou prisioneiro seu; antes participa das aflições do evangelho, segundo o poder de Deus, 9Que nos salvou, e chamou com uma santa vocação; não segundo as nossas obras, mas~~

segundo o seu próprio propósito e graça que nos foi dada em Cristo Jesus, antes dos tempos dos séculos;10E que é manifesta agora pela aparição de nosso Salvador Jesus Cristo, o qual aboliu a morte, e trouxe à luz a vida e a incorrupção, pelo evangelho" (II Timóteo 1.6-10).

O Exercício do Dom de Pastor

O dom em si pode ser compreendido como o de um líder da igreja. PASTOR significa "Aquele Que Vê", mas a pluralidade com que é denominado o ofício do líder da igreja pode levar a perder seu real significado. Vejamos em Timóteo.

Pastor é o que conduz uma presidência, que por sua vez é chamado de presbítero e avança neste mesmo livro para bispo, que é um supervisor. Logo as três citações levam a entender que o objetivo comum deste líder é exercer o governo espiritual da igreja. *"Os presbíteros que governam bem sejam estimados por dignos de duplicada honra, principalmente os que trabalham e se afadigam na palavra e no ensino"* (1 Timóteo 5.17). *"Esta é uma palavra fiel: Se alguém deseja o episcopado, excelente obra deseja. 2 Convém, pois que o Bispo seja irrepreensível, marido de uma mulher, vigilante, sóbrio, honesto, hospitaleiro, apto para ensinar"* (1 Timóteo 3.1,2).

E na transição do Velho para o Novo Testamento, o pastor toma o ofício de sacerdote, que significa o sacrificador. Assim, tem o pastor a incumbência de receber sacrifícios: "Dízimos e Ofertas" e interceder junto aos céus pelos seus conservos. Desta maneira, o dom pastoral tem entre seus exercícios: o cuidado, a guarda e a guia das ovelhas ao pastor confiadas. *"Obedecei a vossos pastores e sujeitai-vos a eles; porque velam por vossa alma, como aqueles que hão de dar conta delas; para que o façam com alegria e não gemendo, porque isso não vos seria útil"* (Hebreus 13.17).

A Função do Dom de Ministério Pastoral

Jesus traz para si o título de pastor, um bom pastor. Interessante que algumas verdades só eram confirmadas depois que os fatos aconteciam. A seguinte afirmação só foi entendida depois da crucificação do Mestre. *"Eu sou o bom Pastor; o bom Pastor dá a sua vida pelas ovelhas"* (João10.11). Alguém diz: *"Pastor é mais que dom, é vocação"*.

Vocação vem do latim *vocare* (e/ chamar), que se refere a uma tendência ou habilidade e tem a ver com um estímulo pessoal ou uma inclinação pessoal para certo serviço. Basicamente é o serviço que se realiza, com seus resultados, que mostra uma pessoa vocacionada. Enquanto que nos muitos discursos que ouvimos de alguns pastores é: *"Eu não queria ser, mas o Senhor me chamou"*! Nisto, o ~~Dom~~ dom fala mais alto do que a ~~Vocação~~ vocação.

-Nas igrejas, a figura pastoral destoa de uma linha dogmática para outra, pois em alguns lugares o pastor não passa de um funcionário que recebe salário e que, de tempo em tempo, é avaliado pelo seu desempenho. Se produz resultados favoráveis, continua, se não: rua! Noutros lugares, esta figura é tão massacrada que as atitudes dos seus membros dizem: *"Este pastor não teria direito nem sequer de sua subsistência pelo que faz"*. Assim, no primeiro caso, é de suma importância um pastor vocacionado; no segundo, é estritamente necessário um pastor com dom de ministério.

Que fique claro: não ~~estamos~~ estou executando juízo nestas duas situações, somente oferecendo dois exemplos radicais, que observamos hoje, pois temos sim igrejas e ministérios equilibrados que honram seus líderes. Paulo observa: se o líder presidir e se afadigar na palavra e no ensino: *"Devem ser considerados merecedores de dobrados honorários os presbíteros que presidem bem, com especialidade os que se afadigam na palavra e no ensino"* (1Timóteo 5.17).

Discussão à parte, vejamos: quando a Bíblia diz que Jesus "concede", o termo retrata que neste dom de ministério, o de pastor, —estava incluso no pacote dons pessoais, espirituais e habilidades especiais para o exercício deste. O pastor, dentro de uma congregação, tem que ser polivalente. Isso porque dentro da necessidade e atuação da igreja, os dons trabalham em prol desta mesma necessidade. Nisto, observamos que querer <u>ser</u> e <u>estar</u> pastor pode vir a ser muito frustrante, pois implica toda responsabilidade do vocacionado. Se ele não estiver preparado, a queda é certa! *"Obedecei aos vossos guias e sede submissos para com eles; pois vela por vossa alma, como quem deve prestar contas, para que façam isto com alegria e não gemendo; porque isto não aproveitaria a vós outros"* (Hebreus13.17).

Quanto ao g~~g~~Governo da Igreja~~,~~

~~Hoje,~~ _o_ pastor é o responsável pela administração da igreja, tem uma posição definida, diferente de evangelistas, profetas e mestres. Quando o pastor carrega em si desejo de crescimento nas formas de governo existentes, ele precisará observar se esta carreira permitirá que ele continue exercendo o pastoreio como dom de ministério ou não! Exemplo: cada denominação tem uma "carreira ministerial". Conforme o tempo e conquistas deste pastor, ele vai receber títulos diferentes. Sem ser por ordem, coloco alguns: obreiro, missionário, evangelista, aspirante, diácono, presbítero, cooperador, bispo, apóstolo, ancião e mais um, que achei pitoresco, avivalista. Mas pastor, com dom de ministério, deve sair do ponto inicial, de um pastor júnior para no final de sua carreira ser um pastor sênior. Logo, se o pastor postula um cargo diferente, então ele está em uma carreira denominacional. Conforme o governo da igreja, ele receberá um título, relativo ao seu crescimento. A Bíblia cita o episcopado como uma carreira ministerial, que deve ser seguida por alguém que almeja tal crescimento. Claro que não estamos falando de governo de igreja e sim de dom de pastor.

O governo episcopal é uma forma de governo exercido pela figura do bispo ou um pastor presidente. Pode ser temporário, isto é, elege-se para um tempo de governo. Este regime é vertical, pois o comando vem de cima para baixo. Refere-se o processo aos termos *"Episcopos"*, do grego, e *"Episcopus"*, do latim, chamado de governo do bispo.

Em Timóteo, o episcopado significa supervisão e é de responsabilidade do bispo. *"Esta é uma palavra fiel: Se alguém deseja o episcopado, excelente obra deseja. Convém, pois, que o bispo seja irrepreensível, marido de uma mulher, vigilante, sóbrio, honesto, hospitaleiro, apto para ensinar"* (1 Timóteo 3.1,2).

Associando-se a mais duas passagens bíblicas, o bispo assume a posição de pastor de pastores, onde estes líderes, servos em suas igrejas locais, serão supervisionados e orientados pelos bispos. *"Lembrai-vos dos vossos pastores, que vos falaram a palavra de Deus, a fé dos quais imitai, atentando para a sua maneira de viver"* (Hebreus 13.7). *"Os presbíteros que governam bem sejam estimados por dignos de duplicada honra, principalmente os que trabalham na palavra e na doutrina"* (1 Timóteo 5.17).

No livro de Tito, o apóstolo Paulo descreve como este mesmo serviço era de responsabilidade de um presbítero mais experimentado, outorgando a seu conservo a responsabilidade de constituir outros presbíteros. Dentro desta perspectiva, um presbítero experiente também carregava a função de supervisor. Ele atuava assim como pastor e supervisor. *"Por esta causa te deixei em Creta, para que pusesses em boa ordem as coisas que ainda restam e, de cidade em cidade, estabelecesses presbíteros, como já te mandei"* (Tito1.5). *"Atendei por vós e por todo o rebanho sobre o qual o Espírito Santo vos constituiu bispos, para pastoreardes a igreja de Deus, a qual ele comprou com seu próprio sangue"* (Atos 20.28).

O bispo é um inspetor, diretor ou superintendente. A etimologia da palavra apresenta a junção de duas palavras: Epíscopos/ EPI (fim ou extremidade), mais SKOPOS (aquele que vê pelo alto). Bem próximo da palavra pastor: aquele que vê. Presbítero, do grego, é *presbyteros*, um ancião, pessoa idosa, experimentada. Biblicamente, ancião e presbítero estão ligados por possuírem experiências adquiridas com o passar dos tempos. Enquanto pastor experimentado é um pastor Sênior (Sênior: superior, de senex, idoso. Significa mais antigo, o que acumula experiências exercendo a mesma função). Ao pastor cabe as seguintes atribuições: cuidado, ensino e direção.

~~Atribuições do Pastor~~

• ~~O Cuidado~~

O pastor tem <u>sob os seus cuidados as ovelhas do Senhor.</u> ~~o cuidado com as ovelhas.~~ O apóstolo Pedro, dirigindo-se aos presbíteros, se coloca como um presbítero, enfatizando a maturidade espiritual e assim os motiva como pastores a cuidar do rebanho. Sempre lembrando que o rebanho pertence a Deus. Como pastores aqui, o objetivo principal é o alimento, devendo eles mesmos ser<u>em</u> modelos para o rebanho. *"~~1~~ Rogo, pois, aos presbíteros que há entre vós, eu presbítero como eles, e testemunha dos sofrimentos de Cristo, e ainda coparticipante da glória que há de ser revelada: ~~2~~ pastoreai o rebanho de Deus que há entre vós, não por constrangimento, mas espontaneamente, como Deus quer; ~~3~~ nem como dominadores dos que vos foram confiados, antes, tornando-vos modelos do rebanho"* (1 Pedro 5.1-3). *"Como pastor, apascentará o seu rebanho; entre os seus braços recolherá os cordeirinhos e os levará no seio; as que amamentam ele guiará mansamente"* (Isaías 40.11).

• Ensino <u>da Palavra é outra atribuição essencial do trabalho pastora. É</u>

~~O i~~<u>i</u>mperativo, neste ~~ponto~~<u>caso,</u> ~~, é o ensino da palavra. Claro que,~~<u>que</u> antes de ensinar a outros, este deva aprender <u>desta Palavra</u> ~~antes, ele mesmo tem que ter conhecimento desta mesma palavra~~, pois só assim ele poderá ensinar <u>bem</u> aos novos convertidos. *"Depois, estendeu o SENHOR a mão, tocou-me na boca e o SENHOR me disse: Eis que ponho na tua boca as minhas palavras". "Disse-me o SENHOR: Viste bem, porque eu velo sobre a minha palavra para a cumprir"* (Jeremias 1.9 e 12). *"Santifica-os na verdade; a tua palavra é a verdade"* (João 17.17).

"O qual deseja que todos os homens sejam salvos e cheguem ao pleno conhecimento da verdade" (1 Timóteo 2.4).

•A mensagem chega pelo evangelista, mas cabe ao pastor solidificar o ensino na vida da ovelha. Para Timóteo, o Apóstolo Paulo orienta: *"Procura, isto é, persista, esforça-te para que a palavra seja completa"*. Nesta mesma ação cognitiva, o ensino tem que chegar conforme a habilidade de cada ovelha de recebê-lo, porque cada uma carece de um cuidado especial, não podendo o pastor ser relapso quanto ao ensino. Este cuidado~~Cuidados têm que~~ deve fazer parte da vida do pastor, porque um pastor neófito reproduzirá no rebanho um ensino neófito, pois ele dará o que tem ou o que sabe! *"Procura apresentar-te a Deus aprovado, como obreiro que não tem de que se envergonhar, que maneja bem a palavra da verdade"* (II Timóteo 2.15).

•~~Direção~~Já a Direção pressupõe que o pastor saiba para onde quer ir e para onde deve

~~Antes de dar a direção, o pastor tem que saber por qual caminho quer ir e para onde~~ conduzir o rebanho, pois se a necessidade do rebanho é cuidado e proteção, o pastor tem que saber qual lugar proporcionará a solução para as duas necessidades. Não se pode ter proteção e falta de alimento, isto matará a rebanho. Por outro lado, não pode ter só alimento, pois poderá colocar o rebanho em perigo. Assim, o pastor deve conhecer o caminho para se conduzir de forma a não se perder e por sua vez não se fazer perder o rebanho. Outra situação é o Senhor Jesus quem retrata, pois se ferir o pastor, o rebanho se dispersa. *"Todos nós andávamos desgarrados como ovelhas; cada um se desviava pelo caminho..."* (Isaías 53.6ª). *"Mas, se isto não ouvirdes, a minha alma chorará em segredo por causa da vossa soberba; chorarão os meus olhos amargamente e se desfarão em lágrimas, porquanto o rebanho do SENHOR foi levado cativo"* (Jeremias 13.17). *"Então, lhes disse Jesus: todos vós vos escandalizareis, porque está escrito: Ferirei o pastor, e as ovelhas ficarão dispersas"* (Marcos 14.27).

Qualquer descuido pode produzir desconforto e desvio. Os apóstolos começaram a se envolver com questões importantes, mas não de grande relevância para o chamado que receberam e isto estava causando atritos em meio aos novos convertidos. Naquele momento, pela orientação e intervenção divina, instituíram-se os primeiros diáconos. Eles então se voltaram para as ocupações primordiais dos seus ministérios: Oração e Palavra. *"Mas, irmãos, escolhei dentre vós sete homens de boa reputação, cheios do Espírito e de sabedoria, aos quais encarregaremos deste serviço; 4e, quanto a nós, nos consagraremos à oração e ao ministério da palavra"* (Atos 6.3,4).

Isto posto, se o pastor orar e se aplicar a palavra, o Senhor sempre lhe mostrará a direção. Na versatilidade do dom de ministério de pastor, deve estar intrínseca a necessidade deste servo de ter uma condição de prontidão para o dia que surge!

Exercício do Dom / Ministério de Mestre

 a epístola aos Efésios, capítulo ~~quatro~~4, o texto cita:

- ~~u~~Uns para ~~Apóstolos~~apóstolos;

- ~~o~~Outros para ~~Profetas~~profetas;

- ~~O~~outros para ~~Evangelistas~~evangelistas, e

- ~~O~~outros para ~~Pastores~~pastores e ~~Mestres~~mestres.

O texto menciona cinco dons, mas alguns interpretam os dois últimos como sendo um só: pastor/mestre. Neste caso, mestre seria o adjetivo do pastor, descaracterizando o dom de mestre por si só. Porém, em outras versões, mestres é traduzido por doutores.

Fica claro, portanto, que mestre não é um adjetivo, mas sim o quinto dom de ministério. E por ser o último citado, temos, por parte de alguns, certa resistência quanto ao título. Jesus foi chamado ~~Mestre~~mestre (João 4.31), ~~Bom~~bom ~~Mestre~~ mestre (Lucas 18.18), ~~Raboni~~raboni (João 20.16). Nestes textos, a referência a Jesus é quanto à sua bondade e superioridade. Contudo, dom de mestre é algo diferente, pois entramos em um campo mais amplo um pouco:

Mestre – um professor, aquele que é versado, o que ensina com profundidade. ~~Mestre~~mestre, do latim *MAGISTRU*.

Doutor – homem que se presume ser um sábio, um teólogo que, por distinção, tem em sua vida e doutrina, santidade e pureza.

Doutor deriva do latim DOCERE: "Ensinar".

RABI, RABBI significa professor, mestre, grande rabbi, raiz hebraica RAV: grande ou distinto em conhecimento.

Em 1 Coríntios 12, no assunto unidade da igreja, mestre é colocado na lista dos ofícios extraordinários. Ele tem o intuito de alcançar a todos com um dom específico de ensino. *"A uns estabeleceu Deus na igreja, primeiramente, apóstolos; em segundo lugar, profetas; em terceiro lugar, mestres; depois, operadores de milagres; depois, dons de curar, socorros, governo, variedades de línguas"* (1 Coríntios 12.28).

Já no livro de Romanos, acerca dos dons espirituais, o ensino é citado como uma habilidade especial na interpretação, para produzir esclarecimento e sistematização das verdades bíblicas, levando a uma simplificação para o bom entendimento de todos. *"Se ministério, dediquemo-nos ao ministério; ou o que ensina esmere-se no fazê-lo"* (Romanos 12.7).

Aqui, o dom de mestre é diferente de mestre no secular. O dom de mestre tem por responsabilidade difundir um "dogma", princípio de fé, revelado por Deus, independentemente do que o mestre ensina. Seu alvo final é o futuro da igreja com Cristo. Como na vida dos profetas, os mestres também passam pelo "cisma", separação, como sendo alguém diferente no meio em que vive ou ensina. Neste cisma, duas situações são visíveis: primeiro, o

~~Primeiro~~ mestre pode carregar a soberba em seus ombros por achar que outros com dons diferentes não podem ser igualados a ele; _segundo,_

Segundo – no oposto, as pessoas não veem com bons olhos homens e mulheres com capacidade acurada para o ensino, chegando ao extremo de qualificar um trabalho de mestre como herege.

O ponto positivo está na sua própria habilidade de julgamento, pois é certo que na sua ação cognitiva age diferentemente dos demais. A ~~Afirmação~~ _afirmação_ é: o dom de mestre é bíblico. Ele está aí, para um firme propósito:

"O desvendar das verdades, em sentido amplo, afirmando o que é! E colocando à luz da Palavra o que não é"!

A Função do Ministério de Mestre

Função do Ministério de Mestre

s dons ministeriais são interdependentes, mas as características de cada um têm sua importância e duas frases, em Efésios 4.11-12, ressaltam a importância do dom de Mestre:

"Querendo o aperfeiçoamento dos santos e

... ao conhecimento do Filho de Deus".

Cabe ao Mestre, dentro da revelação já existente, facilitar a caminhada da Igreja rumo aos céus. Quando o mestre está no exercício do dom, ele traz algo que estava ali, mas nos perguntamos: "Como que não vi isto antes"? Nesta função encontramos:

Ensino e Instrução -

Na grande comissão, Jesus ordena: *"Ensinando-os a guardar todas as coisas que vos tenho ordenado"* (Mateus 28.20).

O evangelho não termina na simples conversão, mas continua até o final dos tempos. Ensino significa transmitir conhecimento, educar. Instrução: conjunto de diligências para esclarecimento de uma causa ou tarefa. Ensino e instrução devem caminhar juntos, pois se recebemos ensino no sentido de passar informação, pode-se perder a verdadeira razão deste ensino. *"Tornai-vos, pois, praticantes da palavra e não somente ouvintes, enganando-vos a vós mesmos"* (Tiago 1.22). Em grande parte da vida cristã, o que fala mais alto é o testemunho do cristão. Tiago enseja a necessidade da prática e, noutro ponto, o ensino é parte integrante da instrução. *"Instruir-te-ei e te ensinarei o caminho que deves seguir"* (Salmos 32.8). Este salmo, em seu cabeçalho, mostra ser didático e tem instrução, ensino, caminho e conselho. É a Tônica deste salmo, em seu versículo oito (8). Assim, a função do mestre, neste ponto, é indicar a direção, com conselhos necessários para se conduzir neste mesmo caminho. Felipe, o único citado como evangelista, tem uma passagem importante que revela a interdependência dos dons. Atos dos Apóstolos 8.26-40: *"Ele respondeu: como poderei entender, se alguém não me explicar? E convidou Filipe a subir e a sentar-se junto a ele"*. Um anjo fala a Filipe, o Espírito sugere e este evangelista desvenda o mistério da palavra ao eunuco. Logo, ensino e instrução, juntos, produzirão frutos para o aperfeiçoamento da igreja.

Preservação ou conservação – ~~PRESERVAÇÃO OU CONSERVAÇÃO~~

Preservar significa ~~/~~ livrar de algum mal ou dano, livrar; e, conservar traz a ideia de

~~Conservar /~~ resguardar de dano, ter ou reter em seu poder.

Na Lei, Deus fala a Josué que a conservação estava ligada a falar e meditar no livro da lei. *"Não cesses de falar deste Livro da Lei; antes, medita nele dia e noite, para que tenhas cuidado de fazer segundo tudo quanto nele está escrito; então farás prosperar o teu caminho e serás bem-sucedido"* (Josué 1.8). Nos evangelhos, a ordem é transmitir (ensinamentos) a homens idôneos. Isto é a garantia de conservação do evangelho. *"E o que de minha parte ouviste através de muitas testemunhas, isso mesmo transmite a homens fiéis e também idôneos para instruir a outros"* (II Timóteo 2.2).

Esta preservação necessária perpetua o evangelho e vemos que isto surtiu efeito, resultando em que somos testemunhas deste fato. Historicamente, homens e mulheres tiveram que ser ousados e criativos, para que este evangelho chegasse até nós e, ainda hoje, precisamos destes atos para fazer chegar o evangelho da salvação aos povos ainda não alcançados.

~~INTERPRETAÇÃO~~Interpretar as profecias adequamente -

Pedro descreve que nenhuma profecia é de particular elucidação. Esta afirmação antecede outra. Assim como ~~teríamos~~ há falsos profetas, é óbvio que ~~teremos~~ há também falsos mestres.

Interpretação significa ajuizar a intenção, explicar ou declarar o sentido do texto, de leis etc. *"Sabendo, primeiramente, isto; que nenhuma profecia da Escritura provém de particular elucidação"* (II Pedro 1.20). O Apóstolo autentica uma profecia que procede de Deus, usando seus oráculos movidos pelo Espírito Santo. Assim se não proceder de Deus, não é profecia. Pode ser presságio, adivinhação, ou qualquer outra coisa, sem o aval de Deus! Neste caso, o Apóstolo pronuncia elucidação, como soltar ou desamarrar uma mensagem verdadeira, sempre movida pelo Espírito Santo. Nisto, entendemos que se Deus através do seu Espírito levou os escritores à inspiração da palavra, é claro que este mesmo Espírito pode amplificar sua mensagem. Isso porque, nas entrelinhas, fica explícito que determinadas mensagens devem chegar ao coração humano em tempos definidos pelo Senhor. *"Vai a este povo e dize-lhe; De ouvido, ouvireis e não entendereis; vendo, vereis e não percebereis"* (Atos 28.26).

O ministério de mestre é marcado por características que especificam sua atuação, como se fossem suas marcas:

- Seu aprendizado;

- Sua eloquência;
- Seu ensino;
- Seu conhecimento e
- Seu fervor no Espírito.

"Para o qual, eu fui designado pregador, apóstolo e mestre" (II Timóteo 1.11). *"Pretendendo passar por mestres da lei, não compreendendo, todavia, nem o que dizem, nem os assuntos sobre os quais fazem ousadas asseverações"* (1 Timóteo 1.7). É inquestionável a posição do Apóstolo Paulo como mestre.

Se observarmos os livros deste autor, veremos que seu trabalho se constituía de missões específicas, mas ele voltava aonde já passara, ensinava e corrigia as falhas ou deslizes que as igrejas cometiam. Seu ministério claramente foi outorgado para o propósito da expansão do reino aos gentios, sua mensagem era universal. Paulo deixa bem claro seu zelo por sua nacionalidade, judeu de judeus, ainda assim, pregava aos gentios.

De forma oposta, um mestre identificado pela habilidade na palavra, cujo nome era Apolo, nascido em Alexandria, foi discípulo de João Batista e instruído por Áquila e Priscila (Atos 28.26). Este mestre autenticava, com evidências, que Cristo é Jesus. Seu chamado era para os Judeus. Alguns estudiosos creditam o livro aos Hebreus, como sendo de autoria de Apolo. *"Nesse meio tempo, chegou a Éfeso um judeu natural de Alexandria, chamado Apolo, homem eloquente e poderoso nas escrituras. 25 Era ele instruído no caminho do Senhor; e, sendo fervoroso de espírito, falava e ensinava com precisão a respeito de Jesus, conhecendo apenas o batismo de João. 26 Ele, pois começou a falar ousadamente na sinagoga. Ouvindo-o, porém, Priscila e Áquila tomaram-no consigo e, com mais exatidão, lhe expuseram o caminho de Deus"* (Atos 18.24-26). Assim apresentado: revelação, profecia e interpretação devem estar conectados à mesma fonte: O Espírito Santo!

Analisando por um outro ponto de vista, a Bíblia cita a palavra galardão como uma recompensa por um trabalho realizado, mas em relação ao dom de mestre~~mestral~~, temos uma advertência sobre uma possível punição quanto ao seu uso indevido. Tiago alerta que o mestre receberá maior juízo se falhar no exercício de seu dom. Esta advertência não é para impor um terrorismo psicológico, mas adverte quanto à seriedade com que devemos proceder nesta função. *"Meus irmãos, não vos torneis, muitos de vós, mestres, sabendo que havemos de receber maior juízo"* (Tiago 3.1).

Assim como as características do verdadeiro mestre facilmente são identificadas, o oposto é verdadeiro. Os falsos também se denunciam com mesma facilidade. O Apóstolo Pedro discorre de forma detalhada sobre tais características: ~~a.~~ **mensagem falsificada,** ~~b.~~ **dissimulação,** ~~c.~~ **heresias,** ~~d.~~ **comércio, e** **libertinagem**. *"Assim como, no meio do povo, surgiram falsos profetas, assim também haverá entre vós falsos mestres, os quais introduzirão, dissimuladamente, heresias destruidoras, até ao ponto de renegarem o Soberano Senhor que os resgatou, trazendo sobre si mesmos repentina destruição"* (II Pedro 2.1).

Se um profeta passou pela igreja e lançou profecias falsas e se, de igual forma, o evangelista entregou uma mensagem falsificada, ainda assim, nestes dois casos, o pastor consegue fazer reparos nos estragos causados. Porém, quando um mestre profere ensinos adulterados, o perigo é tamanho que até o pastor pode cair neste engano. Há três categorias de erros no dom de mestre: doutrinas de homens, doutrinas de demônios e dissimulações

Ensino falso é marcado pela

~~D~~doutrina de homens~~.~~ ~~E~~esta doutrina tem o intuito de se sobrepor à santa doutrina, é é sempre embasada no legalismo. Obriga a certas obediências que colocam a obediência aos homens acima da obediência a Deus. *"Ele, porém, lhes respondeu: Por que transgredis vós também o mandamento de Deus, por causa da vossa tradição?* (Mateus 15.3)~~.~~

Doutrina de Demônios: É aquela que nega a ~~o ponto alto destas mensagens é a negação da~~ morte vicária de Cristo, invalida o seu s. ~~Invalidando este~~ sacrifício, nega~~m~~ a inspiração ~~dos autores bíblicos~~ da Bíblia e desacredita sobre a ~~e a~~ vida eterna. Colocam observâncias diferentes do que a bíblia orienta, como necessárias à salvação: *"Ora, o Espírito afirma expressamente que, nos últimos tempos, alguns apostatarão da fé, por obedecerem a espíritos enganadores e a ensinos de demônios, 2 pela hipocrisia dos que falam mentiras e que têm cauterizada a própria consciência 3 que proíbem o casamento e exigem abstinência de alimentos que Deus criou pra serem recebidos, com ações de graças, pelos fiéis e por quantos conhecem plenamente a verdade"* (1 Timóteo 4.1-3).

~~Bajuladores de homens, a doutrina não tem a intenção de mudar coisa alguma.~~ O único objetivo é transmitir um ensino que agrade os ouvidos de quem ouve, adulando o coração enganoso, fraudando afirmações imperativas para que agrade a quem está sendo ensinado. *"Desviando-se algumas pessoas destas coisas, perderam-se em loquacidade frívola"* (1 Timóteo 1.6).

Falsos mestres são dissimulados.

Ocultam suas reais intenções, são mestres em disfarces, são críticos vorazes dos verdadeiros líderes. São hipócritas, ensinam uma coisa e vivem diferentemente de seu ensino. *"E também os demais judeus dissimularam com ele a ponto de o próprio Barnabé ter-se deixado levar pela dissimulação deles"* (Gálatas 2.13).

Falsos mestres são gananciosos. S, seus ensinos sempre têm um preço. Tornam seus alunos dependentes destes ensinos, como uma regra de fé e conduta. Se a pessoa não receber tal ensino, não poderá prosperar, aparecendo sempre com uma novidade que tem seu preço. *"Se alguém ensina outra doutrina e não concorda com as sãs palavras de nosso Senhor Jesus Cristo e com o ensino segundo a piedade, 4 é enfatuado, nada entende, mas tem mania por questões e contendas de palavras, de que nascem inveja, provocação, difamações, suspeitas malignas, 5 altercações sem fim, por homens cuja mente é pervertida e privados da verdade, supondo que a piedade é fonte de lucro"* (1 Timóteo 6.3-5).

Falsos mestres não conseguem se estabelecer por muito tempo numa cidade. Sempre preocupados com seus próprios interesses, mudam facilmente, quer seja pela descoberta de suas fraudes ou pela baixa lucratividade. Estão à procura de grupos e organizações que respaldem seus ensinos. *"Também movidos por avareza, farão comércio de vós, com palavras fictícias; para eles o juízo lavrado há longo tempo não tarda, e a sua destruição não dorme"* (II Pedro 2.3).

Falsos mestres são libertinos, são descarados nas práticas pecaminosas. Quando assim o fazem, pegam textos para respaldar seus pecados, textos isolados da palavra. São irreverentes, desavergonhados e entregam-se à imoralidade de forma descarada. *"Pois certos indivíduos se introduziram com dissimulação, os quais, desde muito, foram antecipadamente pronunciados para esta condenação, homens ímpios, que transformam em libertinagem a graça de nosso Deus e negam o nosso único Soberano e Senhor, Jesus Cristo"* (Judas 4). *"E muitos seguirão as suas práticas libertinas, e, por causa deles, será infamado o caminho da verdade"* (II Pedro 2.2).

Esta lista não para por aqui. Colocamos algumas evidências dos falsos, para que se tenha uma ideia da presença e atuação dos falsos mestres no meio da igreja.

O Sacrifício

Quando escrevo sobre o segundo sacrifício, que abrange todos os salvos em Cristo, aponto para o sentido do aperfeiçoamento dos crentes em atitude de santidade, pois sem ela ninguém verá a Deus (Hebreus 12.14). O sacrifício único e aceito pelo Pai foi o de seu Unigênito. Não estamos aqui propagando uma heresia, estamos falando do processo de ofertar algo que possa subir aos céus. Porque se for um holocausto de cheiro suave é aceito; se for um maculado, é fogo estranho e não há aceitação por Deus deste tipo de sacrifício.

Conjecturando, quando Deus criou o homem, Adão, ele colocou uma única prova: obediência. Não podia comer da árvore da ~~Vida~~ vida (Gênesis 2.17). Adão ~~errou~~ falhou! Na ~~s~~Segunda tentativa, com Noé, ele. ~~Ele~~ também não passou no teste, pois se embriagou e amaldiçoou seus descendentes (Gênesis 9. 20-25). Na terceira tentativa, escolheu a Abrão. Este sim, mesmo cometendo alguns erros, passou no mais importante: o teste da ~~fidelidade~~ fé.

O autor da Carta aos Hebreus aponta que o Velho Testamento ou a lei era a sombra dos bens futuros (Hebreus10.1). E na figura de Abraão e Isaque, o Senhor requereu o sacrifício de algo que tivesse um imenso valor ao coração de Abraão. Este sacrifício era o seu filho amado. Portanto, neste gesto, não era só o coração de Abraão que estava sendo posto à prova, mas o coração da humanidade. Deus então substituiu o menino por um cordeiro (Gênesis 22.13), pois através da bênção proferida a Abraão, o Pai estava abençoando todas as nações da terra (Gênesis 22.18).

Continuando nesta linha de abordagem, mais à frente, quando o povo passa pelo mar, em direção à terra prometida, Moisés, por orientação divina, institui o sacerdócio. Ele consagra Arão como sumo sacerdote e seus filhos na função de sacerdotes. Também separa a tribo de Levi para os ofícios sagrados: trabalho, intercessão e adoração, para os mais diferentes ritos sacrificiais, quer seja uma oferta por pecado de irreverência ou mesmo o pedido por uma intervenção divina. Na verdade, passando pelo deserto e adentrando a Canaã prometida, os sacrifícios continuaram. Culminou o processo todo com o aparecimento da promessa maior: Cristo feito homem.

Por vezes foi comentado, e volto a reiterar, que o sacrifício tinha que ser inspecionado, para verificar se era oferecido de acordo com as exigências. Mencionamos que Jesus se fez um sacrifício perfeito a Deus. Agora, através dos DONS MINISTERIAIS, Jesus está aperfeiçoando outro sacrifício que somos todos os que nEle creem. *"Porque, com uma única oferta, **aperfeiçoou** para sempre quantos **estão sendo** santificados"* (Hebreus 10.14, com grifos do autor).

Em análise mais profunda, o verbo **"aperfeiçoou"** está no indicativo do pretérito perfeito, definido como modo verbal que expressa um fato, uma certeza. **"Estão"** é um verbo indicativo presente e **"sendo"** (gerúndio) é um verbo irregular. E neste caso, este gerúndio é uma forma nominal que expressa uma ação contínua. Conclui-se que o sacrifício de Jesus é fato, e a nossa santificação é um processo!

Jesus encerra o sacerdócio levítico e se apresenta como sumo sacerdote, segundo a ordem de Melquisedeque, este era Rei de Salém. Não se tem sua genealogia (Hebreus 7.3), mas sabe-se que não pertencia à tribo de Levi. Jesus também não pertence à tribo de Levi, mas à tribo de Judá (Mateus 1). Um adendo: Jesus é considerado descendente de Levi pela genealogia de José, conforme Lucas 2.23-38. Melquisedeque aparece na história para abençoar a Abraão, o qual lhe entrega os dízimos. Isto evidencia que esta benção vai do chamado de Abraão, passa pela Lei e vai até o aparecimento de Jesus. Ele, na nova aliança, nos abençoa. Isso vai de seu tempo na terra até o arrebatamento e, por fim, na eternidade.

Grande parte do cristianismo pensa que as leis se resumem nos aos Dez Mandamentos, mas no Torá (Torat Moshé), o livro das leis, constam seiscentos e treze (613) mandamentos, entre direitos e obrigações. Na nova aliança, a complexidade dos mandamentos é notória e continuamos a ter direitos e obrigações. Diversas situações observadas na Lei encerraram-se em Jesus e muitos pensam que agora se tornou tudo mais flexível. Pelo contrário! Pois todos que morreram na Lei tiveram uma chance com Jesus. A palavra relata que Jesus desceu aos infernos e também pregou aos espíritos cativos: *"Pois também Cristo morreu, uma única vez, pelos pecados, o justo pelos injustos, para conduzir-vos a Deus; morto, sim, na carne, mas vivificado no espírito, 19 no qual também foi e pregou aos espíritos em prisão"* (1 Pedro 3.18,19). *"Abriram-se os sepulcros, e muitos corpos de santos, que dormiam, ressuscitaram; 53 e, saindo dos sepulcros depois da ressurreição de Jesus, entraram na cidade santa e apareceram a muitos"* (Mateus 27.52,53).

Fique registrado que, para o tempo presente, tudo o que fizermos em vida contará para a eternidade. *"Então, dirá o Rei aos que estiverem à sua direita; Vinde, benditos de meu Pai! Entrai na posse do reino que vos está preparado desde a fundação do mundo". "E irão estes para o castigo eterno, porém os justos, para a vida eterna"* (Mateus 25.34 e 46).

Vamos comparar a velha aliança com a nova. Percebemos que na nova, os ritos cerimoniais encerraram-se em Jesus, porém as leis morais continuam. Adultérios, homicídios e outros continuam sendo delitos da maior gravidade, verdade expressa pelo próprio Senhor Jesus. Dias difíceis estão reservados para o fim: apostasia, falta de amor para com o próximo, paixões desenfreadas, libertinagens etc. são visíveis. Porém, a preocupação maior é com o evangelho de facilidades e sua comercialização hoje. Ele relativiza tudo, pois muitos dizem: "Não é bem assim"! Jesus morreu sim! Sua morte proporcionou a salvação para os que nEle creem. Entretanto, aqueles que aceitam o plano de salvação e morrem logo em seguida, é baixíssimo. Logo, se continuarmos a viver, a palavra aponta para a possibilidade de muitos não experimentarem a morte, pois serão arrebatados. Enquanto vivos, no entanto, permanece a obrigação da santificação.

No VT, o sacrifício era oferecido como uma proposta de obediência e mudança. O sacrifício de Jesus tem a mesma proposta. Se aceitarmos tal holocausto, obediência e mudança são esperadas. *"Porque Deus não é injusto para ficar esquecido do vosso trabalho e do amor que evidenciastes para com o seu nome, pois servistes e ainda servis aos santos. 11 Desejamos, porém, continue cada um de vós mostrando, até ao fim, a mesma diligência para a plena certeza da esperança. 12 Para que não vos torneis indolentes, mas imitadores daqueles que, pela fé e pela longanimidade, herdam as promessas"* (Hebreus 6.10-12). O autor aos Hebreus descreve que onde há mudança de sacerdócio, muda também a Lei.

Jesus é nascido na tribo de Judá e a Bíblia retrata Jesus como filho de Davi. Assim, a linhagem terrestre de Jesus o torna sumo sacerdote, segundo a linhagem real de Davi. O Apóstolo Pedro menciona que pertencemos agora a esta mesma linhagem, a real, de Jesus. *"Vós, porém, sois raça eleita, sacerdócio real, nação santa, povo de propriedade exclusiva de Deus, a fim de proclamardes as virtudes daquele que vos chamou das trevas para a sua maravilhosa luz"* (1 Pedro 2.9). Enquanto os sacerdotes ~~Levíticos~~ levíticos eram impedidos de continuar pela morte, Jesus tem em si o sacerdócio imutável. Seu sacrifício continua valendo como aceito e perfeito, para poder salvar a todos quantos se aproximam desta salvação (Hebreus 7.20-28) *"Ora, aqueles são feitos sacerdotes em maior número, porque são impedidos pela morte de continuar; ~~24~~ este, no entanto, porque continua para sempre, tem o seu sacerdócio imutável, ~~25~~ Por isso, também pode salvar totalmente os que por ele se chegam a Deus, vivendo sempre para interceder por ele. ~~28~~ Porque a lei constitui sumos sacerdotes a homens sujeitos à fraqueza, mas a palavra do juramento, que foi posterior a lei constitui o Filho, perfeito para sempre"* (Hebreus 7.23-25 e 28).

Quando digo: "~~s~~Somos um ~~s~~Sacrifício!", o ~~,~~ que isto significa? ~~isto?~~ Diferentemente dos sacrifícios ou sangue de animais da velha aliança, agora em Jesus, ocorre o sacrifício perfeito. É o culto que se oferece ao Senhor. *"Não por meio de sangue de bodes e de bezerros, mas pelo seu próprio sangue, (pois) entrou no Santo dos Santos, uma vez por todas, tendo obtido eterna redenção"* (Hebreus 9.12).

Culto oferecido (do latim *"cultu"*): forma pela qual se presta homenagem à divindade. Ou culto interno, o que se rende a Deus por atos interiores de consciência. Um culto é constituído por ritos, isto é: o conjunto de cerimônias que uma religião observa, como sendo aceitável a sua divindade.

Na epístola aos Romanos, Paulo coloca o sacrifício do corpo (em seu estado vivente), como sendo o culto lógico, isto é, dentro de uma ação cognitiva, uma oferenda debaixo de uma completa rendição ao Senhor. Reconhece-se o ato dentro de uma ação inteligente, que é uma dívida para com Deus: o oferecer por inteiro seu corpo na forma de culto ao Senhor. *"Rogo-vos, pois, irmão, pelas misericórdias de Deus, que apresenteis o vosso corpo por sacrifício vivo, santo e agradável a Deus, que é o vosso culto racional"* (Romanos 12.1).

Em contrapartida, Jesus oferece a nós ~~Donsdons~~, para o cumprimento de seus propósitos. Na carta aos Hebreus, o autor menciona que Este sumo sacerdote, Jesus, tem o que oferecer (sua vida). Assim, os dons chegam ao homem com o firme propósito de levar homens ao conhecimento de Jesus, que, por sua vez, serão aperfeiçoados em suas vidas e condutas. *"Pois todo sumo sacerdote é constituído para oferecer tanto dons como sacrifícios; por isso, era necessário que também esse sumo sacerdote tivesse o que oferecer"* (Hebreus 8.3). *"Porque todo sumo sacerdote, sendo tomado dentre os homens, é constituído nas coisas concernentes a Deus, a favor dos homens, para oferecer tanto dons como sacrifícios pelos pecados"* (Hebreus 5.1).

O Apóstolo Paulo reitera que os dons ministeriais estão disponíveis~~ai,~~ para que todos cheguem à perfeição em Cristo Jesus. *"Até que todos cheguemos à unidade da fé e do pleno conhecimento do Filho de Deus, à perfeita varonilidade, à medida da estatura da plenitude de Cristo"* (Efésios 4.13).

Este ato sacrifical, o sofrimento vicário, firma o propósito e intenção de Deus: fazer com que, por intermédio de Jesus, sejamos levados a reinar com Ele! *"Então, dirá o Rei aos que estiverem a sua direita: Vinde , benditos de meu Pai! Entrai na posse do reino que vos está preparado desde a fundação do mundo"* (Mateus 25.34).

Conclusão

ela fonte pesquisa no Wikipédia, encontramos que a possível primeira escola bíblica dominical no Brasil foi iniciada em Petrópolis, em 1855, por missionários escoceses: Robert e Sarah Kalley. As igrejas Presbiterianas e Batistas foram fundadas na segunda metade deste mesmo século. A presbiteriana foi fundada em 1862, pelo missionário Ashbel Green Simonton, que havia chegado aqui em agosto de 1959. A Batista foi organizada em 1871, sendo o primeiro missionário Thomas Jefferson Bowem.

Logo, o evangelho adentrou as terras brasileiras através do dom de ministério mestral, seguido pelo pastoral. Mais tarde, os evangelistas começaram a desbravar o solo brasileiro. Somente depois, ouvimos falar dos profetas. Agora no século XXI, começamos a difusão do apostólico. Houve uma inversão da atuação dos dons ministeriais em solo brasileiro, por isto acredito ser esta a razão da dificuldade de se aceitar o novo, que não é novo, pois se está somente colocando em boa ordem os dons ministeriais descritos em

Efésios. Quando em Oseias, é citada a necessidade de conhecer a Deus. Ato contínuo, quanto mais conhecemos, menos sabemos de Deus. Não porque deixamos de conhecer, mas por causa da amplitude como se revela o Criador caímos em nossa insignificância. Quanto mais se conhece, chega-se à conclusão da necessidade de conhecê-lo ainda mais. *"Conheçamos e prossigamos em conhecer ao SENHOR"* (Oseias 6.3).

A pequenez do gênero humano quanto aos atributos divinos, nos deixa à mercê da necessidade da busca de suas revelações. A complexidade com que se nos apresentam os dons ministeriais é grande. Apesar que, aparentemente, eles estão aí para que sejam supridas necessidades meramente pessoais, porém quando nos aprofundamos em seus pormenores, vemos que estes dons são instrumentos divinos para trabalhar o coração humano, de tal forma que ele venha a ser plenamente utilizado no cumprimento de seu chamado. Isto deve acontecer para o aperfeiçoamento dos santos. Uma vez mais, o Apóstolo Paulo em suas palavras, em ato de juízo, apresenta-nos que se Jesus morreu, logo todos os que estão nEle morreram também. Contudo, se morremos em Cristo, é para Cristo que vivemos! *"Pois o amor de Cristo nos constrange, julgando nós isto: um morreu por todos; logo, todos morreram. 15. E ele morreu por todos, para que os que vivem não vivam mais para si mesmos, mas para aquele que por eles morreu e ressuscitou* (II Coríntios 5.14,15).

Ora, dentro da verdade implícita, nosso viver hoje é sob o processo de mortificação, o qual nada mais é do que oferecer todo o nosso ser em sacrifício todos os dias.

~~ADENDO~~<u>Reproduzo aqui, como um adendo,</u>

~~Segue~~ parte do tópico mortificação, do_ meu livro _"Ordem da Salvação". Preciso que você compreenda este conceito~~, do mesmo autor:~~.

MORTIFICAÇÃO_-

Quando chegamos a Cristo, a ordem é nascer de novo, para uma nova vida. Quando falamos de mortificação, soa como anfibológico, isto é, com mais de uma interpretação, pois como nascer de novo e viver num estado de mortificação? A situação clara é que quando nascemos de novo é para a vida em Espírito, enquanto que mortificar é fazer sucumbir todos os desejos da carne que vão na contramão do Eespírito.

MORTIFICAR – entorpecer, suprimir, ou extinguir a vitalidade, o vigor de... *"Porque nós, que vivemos, somos sempre entregues à morte por causa de Jesus, para que também a vida de Jesus se manifeste em nossa carne mortal" (II Coríntios 4.10).*

No conceito de mortificação, encontramos as seguintes ideias:

1. Ato ou efeito de mortificar;
2. Aflição, tormento;
3. Domínio, repressão de certos sentidos;
4. Penitência que os cristãos fazem para moderar os apetites inferiores e os sentidos corporais, segundo os ditames da razão e da fé.

~~MORTIFICAR – entorpecer, suprimir, ou extinguir a vitalidade, o vigor de... "Porque nós, que vivemos, somos sempre entregues à morte por causa de Jesus, para que também a vida de Jesus se manifeste em nossa carne mortal" (II Coríntios 4.10).~~

"Assim, pois, irmãos, somos devedores, não à carne como se constrangidos a viver segundo a carne. 13 Porque, se viverdes segundo a carne, caminhais para a morte; mas, se, pelo espírito, mortificardes os feitos do corpo, certamente, vivereis" (Romanos 8.12,13). *"... fazei, pois, morrer a vossa natureza terrena..."* (Colossenses 3.5).

O Pai nunca nos despersonaliza, por issto é os sentidos naturais do ser humano continuam ativos. O que nos obriga, como cristãos, a viver debaixo de um novo princípio de justiça. Devemos agora ser controlados pelo Espírito Santo, enquanto que a carne fará o que lhe é próprio, sempre apresentando as delícias do pecado, mas se declinarmos aos seus desejos, a morte é certa. *"Porque, se viverdes segundo a carne, caminhais para a morte; mas, se, pelo espírito, mortificardes os feitos do corpo, certamente, vivereis"* (Romanos 8.13).

Se quisermos viver em novidade de vida, a ordem é ser guiado pelo Espírito Santo. *"Pois todos os que são guiados pelo Espírito de Deus são filho de Deus"* (Romanos 8.14). É imperativo, como prova de nossa salvação, tratar nossa carne pecaminosa como um inimigo a ser vencido. Devemos expressar o repúdio pelo pecado com severidade, pois Jesus nos constrange até mesmo a nos mutilarmos, para nos afastar de qualquer possibilidade de irmos habitar os infernos, pois este está preparado para o diabo e seus seguidores e não para os filhos de Deus. *"Se o teu olho direito te faz tropeçar, arranca-o e lança-o de ti; pois te convém que se perca um dos teus membros, e não seja todo o teu corpo lançado no inferno. E, se a tua mão direita te faz tropeçar, corta-a de ti; pois te convém que se perca um dos teus membros, e não vá todo o teu corpo para o inferno"* (Mateus 5.29,30).

A orientação de Jesus não era propriamente a automutilação, mas a mortificação dos efeitos do corpo, porque muitos interpretam que se agora vivemos debaixo da graça e não da lei, seremos tratados com pesos diferentes, mas observamos um agravo quanto à prática do pecado. Na forma da Lei, adultério tinha punição, quando flagrado no ato. Enquanto que na graça se olharmos com intenção impura já cometemos adultério. John Owen descreve o termo mortificação como: ~~Mortificação por John Owen é:~~ *"A carne com suas faculdades e propriedades, sabedoria, astúcia, sutileza, força, deve, segundo o apóstolo, ser morta, afligida, mortificada — isto é, ter seu poder, vida, vigor e força para produzir seus efeitos, afastados pelo Espírito".*

O termo mortificação ~~poderemos encontrar~~encontra-se uma ou duas vezes na Bíblia, dependendo da ~~da~~ tradução. O termo mortificação também aparece como~~é traduzido como~~: morrendo, mortificando, tormento e aflição. Conjugado no indicativo presente: eu mortifico. Subjuntivo presente: que eu mortifique. No imperativo afirmativo: mortifica tu. Perfeito do indicativo: eu mortifiquei e infinitivo pessoal: por mortificar eu (Colossenses 3.5). Isto posto, a mortificação é linear à santificação. Sem mortificação, não há santificação. *"Levando sempre no corpo o morrer de Jesus, para que também a sua vida se manifeste em nosso corpo.11 Porque nós, que vivemos, somos sempre entregues à morte por causa de Jesus, para que também a vida de Jesus se manifeste em nossa carne mortal"* (II Coríntios 4.10,11).

O sentido inexaurível da redenção do cristão lhe é assegurada na nossa aceitação por Cristo. Nossa ressurreição é certa, assim somos feitos nova criatura (II Coríntios 5.17). Contudo, este mesmo ~~Apóstolo~~ apóstolo ressalta que o velho homem não deixou de existir, que ele está apenas entorpecido. Velho aqui não é avançado em idade, mas algo gasto, inútil ou ultrapassado.

Nos dias atuais, vemos uma afirmação de que os cristãos estão fugindo da religiosidade, que alguns modelos estão ultrapassados. Todavia, observo que as práticas de algumas ortodoxias podem relaxar em alguns comportamentos, como também podem engessar outros, por isso é imprescindível a revelação do Espírito, para que nosso andar seja de forma assertiva e não escravagista. *"Pois se o filho vos libertar, verdadeiramente sereis livres!"* (João 8.36).

Mortificação resulta em, ~~para~~ crescimento espiritual. ~~Afirmamos que não somos despersonalizados.~~ Paulo mostra um dos cuidados que o recém-nascido em Cristo deve tomar: tornar-se Santo, pois é um processo em meio a uma batalha espiritual. Não adentramos em um estado de perfeição, mas a mortificação nos conduzirá à santificação. Logo, esta pessoa será guiada não por impressões mentais e subjetivas ou estímulos para tomar decisões em sua vida, mas a mortificação da carne nos elevará espiritualmente. *"Porque os que se inclinam para a carne cogitam das coisas da carne; mas os que se inclinam para o Espírito, das coisas do Espírito. 6 Porque o pendor da carne dá para a morte, mas o do Espírito, para a vida e paz"* (Romanos 8.5,6).

~~Tornar morta a carne~~ Precisamos ma

~~É ma~~tar de inanição a carne, não alimentando a nossa natureza terrena, não oportunizando o pecado, fazendo sucumbir todas as emoções que podem fragilizar a nova personalidade espiritual adquirida pelo novo nascimento. Isso coloca em evidência os frutos do Espírito, para assim poder avançar no terreno da salvação. Depois da conversão, cria-se um desejo muito profundo de não errar, correspondendo ao amor do Pai, chamado de primeiro amor. Porém, a Bíblia nos trata como crianças recém-nascidas. Como tal, estamos à mercê de erros e falhas. Alguns querem colocar a mão no fogo para saber se é verdade que queima e qual a intensidade da dor.

Contudo, a Palavra nos diz que o pecado e o velho homem são implacáveis. Não podemos descuidar deles ou dar-lhes margem a qualquer manifestação. *"Fazei, pois, morrer a vossa natureza terrena: prostituição, impureza, paixão lasciva, desejo maligno e a avareza, que é idolatria; 6 por estas coisas é que vem a ira de Deus [sobre os filhos da desobediência]. 7 Ora, nessas mesmas coisas andastes vós também, noutro tempo, quando vivíeis nelas. 8 Agora, porém despojai-vos, igualmente, de tudo isto: ira, indignação, maldade, maledicência, linguagem obscena do vosso falar. 9 Não mintais uns aos outros, uma vez que vos revestistes do novo homem que se refaz para o pleno conhecimento, segundo a imagem daquele que o criou"* (Colossenses 3.5-10).

Ainda quando falamos sobre sacrifícios, temos que ter entendimento sobre o que é sacrifício a ser oferecido e sobre o que é sacrifício não oferecido, que gera a morte. (Sempre) Paulo, aos Coríntios, relata que somos entregues à morte todos os dias. Aos Romanos: ele retrata que o desejo da carne é sempre para a morte, não com sentido de oferta, mas de ação pecaminosa. *"Porque nós, que vivemos, somos sempre entregues à morte por causa de Jesus, para que também a vida de Jesus se manifeste em nossa carne mortal"* (II Coríntios 4.11). *" 6 Porque o pendor da carne dá para a morte, mas o do Espírito, para a vida e paz"* (Romanos 8.6).

A pluralidade de interpretações e regras que nos são apresentadas pela ação cognitiva, leva-nos a uma falta grave quanto ao que Deus realmente quer nos revelar ou trabalhar em nossas vidas. Seu propósito maior é a reaproximação de suas criaturas, torná-los filhos. Um crítico poderia levantar uma questão: Qual é o sentido deste ensino? É trazer à tona a formação de gênero humano, dando a importância que se deve quanto a esta formação. Somos um Espírito (Pneuma), que tem uma alma (Psique) e que habita num corpo (Soma). Os dons ministeriais são a ferramenta, colada à nossa disposição, para tratar de todos os pormenores de nossa vida aqui na terra, nos preparando para sermos o que realmente somos. E para habitarmos o lugar que nos está preparado, que é a vida eterna em Cristo.

Quando reconhecermos as prioridades, então começaremos a viver a vida que nos é sugerida. Então sim, os dons ministeriais terão importância e nossa vida será uma vida de sacrifício, porque este sacrifício não é para que sejamos privados de todas as coisas, mas para darmos um direcionamento ao que realmente tem valor. Porque se eu der valor à carne, o meu espírito morrerá e será lançado no inferno. Mas se eu valorizar o espírito, matando a carne, a recompensa será viver a vida eterna! No contexto de culto, uma divindade espera uma oferenda, quer seja oblação ou oferta. *"Rogo-vos, pois, irmão, pelas misericórdias de Deus, que apresenteis o vosso corpo por sacrifício vivo, santo e agradável a Deus, que é o vosso culto racional"* (Romanos 12.1).

Na lógica humana, quando ofereço um sacrifício, este sacrifício não retorna a mim! Já na lógica divina, quando me ofereço em sacrifício, eu recebo vida! Em Apocalipse, o livro das revelações e profecias, retrata-se um futuro, no qual aparecem todos os sacrificados em Cristo. Se olharmos do presente para o futuro, nos causa certo receio, pois será que conseguiremos nos manter firmes como nos relatos apresentados pelo apóstolo amado João? Agora, quando olhamos do futuro para o presente observamos as recompensas ou galardões que os fiéis têm em suas mãos. Vemos então que chegar às promessas, não é pelo oba oba apresentado por muitos, mas sim pela fidelidade aos ensinos e princípios, magistralmente apresentados pelo Senhor. Os dons ministeriais possuem este intuito de aperfeiçoamento dos santos. l*"Respondi-lhe meu Senhor tu o sabes. Ele, então, me disse: São estes os que vêm da grande tribulação, lavaram suas vestiduras e as alvejaram no sangue do Cordeiro"* (Apocalipse 7.14).

"Vi também tronos, e nestes sentaram-se aqueles aos quais foi dada autoridade de julgar. Vi ainda as almas dos decapitados por causa do testemunho de Jesus, bem como por causa da palavra de Deus, tantos quantos não adoraram a besta, nem tampouco a sua imagem, e não receberam a marca na fronte e na mão; e viveram e reinaram com Cristo durante mil anos" (Apocalipse 20.4).

Almas dos decapitados. Este termo retrata todos os fiéis que tiveram suas vidas ceifadas, em função do ministério de Cristo. Assim, nossa visão não deve estar focada nos martírios, mas nos benefícios decorrentes destes martírios. Espero, em Cristo, que o espírito de discernimento traga clareza quanto ao ensino aqui exposto e que seja ferramenta de instrução e ajuda para a decisão no andar em Cristo, pela batuta dos DONS MINISTERIAIS, levando-nos ao aperfeiçoamento requerido, por este mesmo Senhor.

E assim sejamos o Sacrifício! Romanos 12.1.

Que a Benção de Deus Pai, a doce comunhão de nosso Senhor Jesus Cristo e a consolação do Espírito Santo estejam conosco pelos dias futuros.

Amém!...

Capa

Os elementos apresentados nas mãos possui seus significados:

Anos atrás, passei por um período, muito difícil, fui diagnosticado com estresse~~stress~~ agudo. N~~o, ne~~este tempo me foi apresentado uma oportunidade de participar do primeiro encontro profético na cidade de Palmas, capital do Tocantins ~~To~~. Lá~~a~~ chegando uma jovem me viu (em visão), ~~vê~~ com cinco corações na mão, e noutro momento do evento, ela me descreveu que me via como que com ~~me é descrito que eu estava com~~ cinco brasas incandescentes à~~a~~ mão posta ao peito, e que em seguida eu aspirava a fumaça e aroma brasas incandescentes.~~quando então aspiro sentindo como se o calor das brasas adentrassem minhas vias respiratórias.~~

E, eu de fato, ~~E eu~~ estava incomodado, pelas nomenclaturas que pessoas estão se dando para o serviço ministerial, pois como escrevo, que no dom ministerial o testemunho deste dom tem que segui-lo.

Fui motivado e orientado para escrever sobre este assunto.

Assim, foram interpretadas as visões; os cinco corações, são cinco ministérios e as cinco brasas são as áreas de atuação do Espirito Santo em cada ministério, conforme o texto de Efésios 4.11.

Depois destas experiências, minha vida experimentou uma gama enorme de profecias sendo cumpridas, como por exemplo, morar na Europa,

Deus é fiel com suas promessas!

Bibliografia

AURÉLIO – *Dicionário*

BÍBLIA DE ESTUDOS DA PROFECIA. Editora Atos.

BÍBLIA DE ESTUDOS MAC ARTHUR. Sociedade Bíblica do Brasil.

BOYER, ORLANDO. *Pequena Enciclopédia*. Instituto Bíblico das Assembleias de Deus.

ESTUDOS BÍBLICOS LIVRES GOOGLE.

GOMES OLIVEIRA, OSÉIAS. *Concordância Bíblica Exaustiva Joshua*. Editora Central Gospel.

INFORMAL – *Dicionário*.

MICHAELLIS – *Dicionário*.

MEIRA CARLOS, SELITO. *Ordem da Salvação*.

ONLINE – *Dicionário*.

WIKIPEDIA - A *Enciclopédia Livre*.